资助项目：世界贸易组织讲席计划（WTO Chairs Programme, WCP）、
上海市浦江人才计划（21PJC064）

亚太经济格局新变化与提升我国在亚太区域价值链中的地位研究

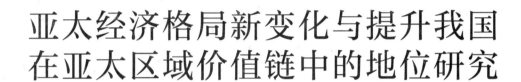

王 茜 ◎著

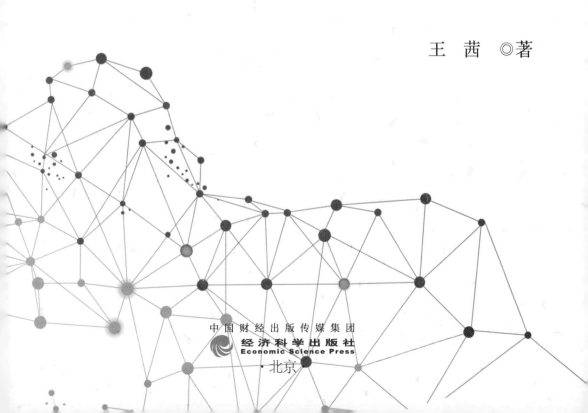

中 国 财 经 出 版 传 媒 集 团
经济科学出版社
Economic Science Press
·北京·

图书在版编目（CIP）数据

亚太经济格局新变化与提升我国在亚太区域价值链中的地位研究／王茜著．－－ 北京：经济科学出版社，2024.7．－－ ISBN 978 - 7 - 5218 - 6115 - 0

Ⅰ. F114.46

中国国家版本馆 CIP 数据核字第 20242S3P00 号

责任编辑：李　雪　袁　澂
责任校对：孙　晨
责任印制：邱　天

亚太经济格局新变化与提升我国在亚太区域价值链中的地位研究
YATAI JINGJI GEJU XINBIANHUA YU TISHENG WOGUO
ZAI YATAI QUYU JIAZHILIANZHONG DE DIWEI YANJIU
王　茜　著
经济科学出版社出版、发行　新华书店经销
社址：北京市海淀区阜成路甲 28 号　邮编：100142
总编部电话：010 - 88191217　发行部电话：010 - 88191522
网址：www. esp. com. cn
电子邮箱：esp@ esp. com. cn
天猫网店：经济科学出版社旗舰店
网址：http://jjkxcbs. tmall. com
固安华明印业有限公司印装
710×1000　16 开　16 印张　209000 字
2024 年 7 月第 1 版　2024 年 7 月第 1 次印刷
ISBN 978 - 7 - 5218 - 6115 - 0　定价：80.00 元
（图书出现印装问题，本社负责调换。电话：010 - 88191545）
（版权所有　侵权必究　打击盗版　举报热线：010 - 88191661
QQ：2242791300　营销中心电话：010 - 88191537
电子邮箱：dbts@ esp. com. cn）

前　言

　　自 20 世纪末开始，跨境企业主导的全球制造、投资与贸易以及世界性资源分配不断优化，形成了全球价值链。制造企业依据各区域生产要素禀赋，将不同的环节分布在不同地区，形成世界性的制造、交易、金融发展（黄奇帆，2022）。全球价值链是产品的生产过程被分割成分布在全球不同地点的众多小阶段所形成的，它为优化资源配置、促进要素分工和提升生产率提供了有利条件（盛斌，2020）。与通过一般贸易参与国际分工、实现产业升级相比，加入全球价值链对促进经济增长、提高技术水平的积极影响是明显的。然而 2008 年世界性经济危机发生以后，全球价值链的上升趋势受到明显阻滞，甚至出现衰落的态势（李坤望，2021）。而后在各国自然灾害、政治变动、贸易摩擦等因素的冲击下，曾经以生产要素优势布局的全球供应链一次次被阻断，国际经济保护主义和民粹主义伺机而动。随后新冠疫情的世界性暴发或多或少地对全球价值链产生了负面影响，使其陷入巨大风险中，尤其是中国制造业在疫情突发时骤然中止，使跨境企业及其母国深刻领悟到过度依赖下潜伏的危机（黄奇帆，2022），这更使各国领导人深切体会到全球价值链的局部性瓦解将很快诱发生产体系的整体失灵（盛斌，2020）。一国嵌入全球价值链，深度参与国际分工，意味着生产效率和经济增速的提高，但产业体系的安全性将会下降。因此，各国亟须在产业体系安全性与最大限度参与国际分工之间找到平衡（徐奇渊等，2022），全球价值链进入到了新一轮的调整和重塑时期。

亚太地区是全球范围内产业链、供应链分布最密集的地区，区域内各经济体之间经济联系紧密，自第二次世界大战结束后，经历了数轮调整，如今已形成了相互渗透的产业链和供应链。当前亚太政治经济格局正处在历史性的剧烈变动之中，主要大国都想在此谋求战略利益，也推动亚太价值链开启了新一轮调整和重塑的进程。数据显示，亚太区域内贸易的增长速度几乎是世界贸易的两倍，亚太价值链是全球贸易循环中最为关键的链条之一，也是全球增长最重要的驱动力。因此，在全球价值链重塑的时代背景下探索深化亚太区域经济合作的有效路径，对完善全球经济治理体系和构建开放型世界经济具有重要意义。

当前，在亚太地区乃至全球范围内，中美之间正在展开一场主导未来贸易规则和国际秩序的竞赛，争夺塑造亚太区域价值链和生产网络的主动权。当前我国正在积极构建以国内大循环为主体、国内国际双循环相互促进的新发展格局，这就迫切要求我国深化规则、标准等制度型开放，对接区域和多边贸易协定，构建有利于集聚全球要素、引领全球经贸规则升级的规则体系。在全球价值链加速重构的国际背景下，利用我国在亚太生产链条中的协调力和影响力，引导亚太区域产业链的调整方向，加强我国在本地区和全球分工体系中的地位和作用，已成为应对美国贸易投资战略调整、提升生产技术、促进制造业发展的有效途径。

　　本书结合亚太经济体的产业特点和发展模式，通过剖析亚太区域价值链呈现出的新格局和新变化，探究我国如何利用全球价值链调整的契机，推进区域产业链重塑，并以此为平台优化产业链布局，提升我国在亚太地区整个生产网络中的地位和作用，这对于增强我国在国际经贸治理的话语权和影响力，实现我国开放型经济转型升级与经济可持续增长具有重大现实意义。

王　茜

2024 年 6 月

目　　录

第一章

亚太价值链显现出重构的态势

第一节 全球产业链演变背景下的亚太价值链重构

当前，世界百年未有之大变局加速推进，新一轮科技创新和产业革命迅速发展。逆全球化思潮抬头，地缘政治冲突不断，全球产供应链重塑、价值链重构不断深化，全球产业结构和布局深度调整。全球主要经济体纷纷出台相应措施加强对产供应链的"国家干预"，产供应链分工格局、运行逻辑、规则体系、竞争范式正在发生深刻变革。乌克兰危机导致全球能源格局变化、欧洲能源本地化、生产制造环节本土化区域化、跨国公司布局分散化多元化，使得北美、欧洲、亚洲等区域内循环和经济联系不断增强，全球产业分工格局加速调整，北美供应链、欧盟供应链和亚洲供应链"三足鼎立"格局加速形成。全球产业结构和布局正在发生趋势性调整和转变。

近年来，亚太地区的价值链经历了快速的变化，这既是对外部环境变化的适应，也是内在发展需求的体现。亚太价值链的重构成为一个必然趋势，亚太地区具有独特的经济和地理优势，拥有世界上最大的消费市场和最具活力的经济增长动力，已经成为全球经济增长的重要引擎。同时，亚太地区也是全球制造业的重要基地，拥有完整的产业链和高度发达的生产网络，其价值链的重构对于全球经济格局的塑造具有深远的影响。

在全球化和区域经济一体化的大趋势下，亚太价值链的重构不仅有助于提升经济实力和国际竞争力，也将对塑造全球经济格局产生深远影响。本节通过梳理全球产业链演变历程，分析亚太价值链的地位、亚太价值链重构的基础和动因，评估亚太价值链重构对中国的影响，进而提出亚太价值链重构的对策建议。

一、全球产业链演变历程

（一）全球生产分工模式的初步建立：产业间分工

19 世纪早期，蒸汽动力技术的突破，使得长距离运输成本显著下降，全球各地区间的贸易量激增，由此开启全球化进程。贸易成本的降低使得国际间的分工生产变得有利可图。国际生产分工的形成源自国家间比较优势的差异，其核心是一国在生产不同产品中具有不同的机会成本。运输技术的变革使得贸易成本大幅度降低，使一国能够以较低的成本从其他地区进口本国生产机会成本较高的产品，自身则可以专注生产具有比较优势的产品，国际贸易使得生产效率得到了显著提升。在贸易利得的驱动下，国际贸易得以迅速发展。由此，全球生产分工的格局开始显现，这一现象标志着全球化第一次"解绑"的开始（Baldwin，2006）。

在全球化第一次解绑的过程中，国际分工主要以工业国与初级产品生产国之间的产业间分工为主。英、法、德等工业国主要出口制成品，而巴西、印度等殖民地国家主要出口初级产品。国家间生产率差异塑造了该阶段国际贸易的主要格局。以英国为代表的工业国通过机械生产在制成品上建立了显著的比较优势。农业国的棉纺织业无力同发达工业国竞争，逐渐沦为原棉的出口国。发达工业国为了追求更大收益，不断扩张殖民地来获取更低成本的原材料以及更大范围的销售市场，越来越多的地区被纳入全球市场。工业国出口工业制成品、非工业国出口原材料等初级产品的产业间分工模式成为这一时期全球生产分工的主要形式。

全球化初期的全球贸易中心是英国，虽然贸易为其带来了巨大的经济收益，但随着收入的增长，劳动力成本也逐渐上升。英国为了降低国内生产成本增加带来的影响，在19世纪下半叶进行对外产业转移，由此开启了第一次国际产业转移的浪潮，主要的产业接收地区为以德国为代表的欧洲大陆国家以及以美国为代表的美洲国家。美国凭借本土丰裕的资源禀赋，成为英国主要的产业转移目的地。在承接英国的产业转移过程中，美国还通过幼稚产业保护，采用高关税保护国内制造业免受来自英国进口产品的冲击，从而扶持了国内工业企业的成长，其产业结构重心也逐渐从纺织轻工业转向重工业。随着美国工业实力不断增强，美国在全球贸易中的份额逐渐逼近英国，全球产业链的中心开始逐渐发生变化。

第二次工业革命加速了全球产业格局的演变。20世纪以来，随着石油资源在工业生产中的地位不断提升，钢铁、电气、石油、汽车等一系列新工业部门不断壮大，美国和德国凭借资源和技术优势在新工业部门中得以赶超英国。英国在全球市场中已不再具备垄断地位，全球生产和贸易的中心呈现出一定的分散局面。另外，第二次工业革命还扩大了可贸易产品的门类，新兴工业产品催生了对更多种类初级产品的需求，发达工业国为满足其生产需要将更多的地区纳入全球市场，工业国和资源国之间根据比较优势进行生产分工的模式得到进一步的增强。

从全球生产分工初步建立的历程来看，技术变革和竞争优势是影响这一时期全球生产格局的主要因素。技术突破使得国家间的生产分工变得有利可图，对贸易利得的追逐则促进了国际贸易的迅速发展。国家间较大的生产率差异塑造了彼时工业国出口工业制成品、非工业国出口原材料的分工格局。第二次工业革命则改变了国家间生产技术和要素禀赋的力量对比，促成了全球生产格局的变化。

（二）全球生产分工的深化：产业内分工

20 世纪 50 年代，美国开始将纺织、钢铁等传统制造业向日本和联邦德国转移。美国对日、德进行产业转移不仅是出于政治制衡的考虑，也是其追求生产效率的要求。美国本土的传统工业面临着生产成本增加、产能过剩等问题，而以电子计算机、生物工程和航空航天等技术为标志的第三次科技革命为美国工业带来了新的发展方向。因此，将相对落后的重资本产业对外转移，集中资源发展附加值更高的高新技术行业，可以为美国带来更大的利益。

在美国的扶持下，日本和德国迅速完成了工业化发展，而随后也走上对内产业重组、对外产业转移的道路。但是随着日本国内劳动力成本以及进口资源价格的上涨，日本的劳动密集型和资本密集型重工业的比较优势逐渐丧失。在第二次石油危机之后，日本从国外大量进口能源并对外出口机械设备的"贸易立国"模式受阻。石油危机造成的资源匮乏冲击和由此所激发出的浓重安全危机，迫使日本政府开启了"技术立国"的战略，通过加大对研发创新的资本投入，促进计算机、电子、光学等技术密集型产业的发展。日本电子产品行业的就业占比在20世纪70年代中后期增长迅速，并于80年代成为吸纳就业人数最多的制造业行业。在产业结构转型的过程中，日本也相继将纺织服装等劳动密集型产业、重化工等资源密集型产业向东亚其他地区转移，进而开启了战后第二轮国际产业转移浪潮。

东亚地区是第二轮产业转移主要发生地。东亚各地区之间在经济发展阶段和产业比较优势等方面呈现出天然的互补性阶梯形发展结构（戴金平、刘东坡，2015）。韩国、新加坡、中国台湾和中国香港地区在20世纪50年代通过进口替代策略初步奠定了轻工基础，并凭借人力成本和区位优势在劳动密集型产业中建立起竞争优势后，也纷纷转向出口导向政策。此后通过轻工业的出口积累以及承接来自日本的钢铁、石化、运输设备等产业，韩国、新加坡、中国台湾和中国香港地区在20世纪70年代建立起了部分资本密集型重工业的产业优势，并开始逐步将服装纺织工业向印度尼西亚、菲律宾、泰国等劳动力成本更为低廉的东南亚国家转移。

上述东亚地区的跨国分工和产业转移模式被称为"雁行模式"。东亚的"雁行模式"以日本为雁头，韩国、新加坡、中国台湾和中国香港地区为雁身，东盟国家为雁尾，依次形成技术密集型—资本技术密集型—劳动密集型产业的梯次产业分工体系。"雁行模式"对驱动东亚地区在二战后实现工业化和经济发展起到了重要作用。

在全球产业转移的浪潮下，工业国和农业国、矿业国之间的国际分工格局发生了改变。一方面，发达国家逐渐把劳动密集型、能源密集型等逐渐丧失比较优势的产品转移到其他国家，并专注于技术密集型产业的发展。而发展中国家在承接发达国家产业转移的基础上，为发达国家提供技术含量相对较低的工业产品。国际分工开始延伸至同一产业的内部。另一方面，在消费者对商品差异化偏好的影响下，发达工业国之间也通过生产差异化产品开展产业内贸易，这种贸易形式也在规模经济作用下不断强化（Krugman，1979）。发达国家高级工业品和发展中国家低等工业品之间的贸易、发达国家之间差异化工业品的贸易成为该时期国际贸易的主要形态，产业内分工逐步替代产业间分工成为全球产业分工的主导模式。

（三）全球生产网络的形成：产品内分工

自 20 世纪 90 年代以来，信息与通信技术的变革使得全球化实现了第二次"解绑"（Baldwin，2006）。信息通信技术使得企业能够便捷地远距离发布指令、协调生产环节，从而降低了生产过程中时间和空间上分离的运作成本。企业为了充分利用全球资源，将产品生产中的不同工序和流程分散在不同地区，跨境生产得以迅速发展，国际分工由产业层面深入到产品工序层面，产品内分工成为主导全球贸易分工的主要模式。生产全球化的模式促进了国际贸易的蓬勃发展。全球贸易在 20 世纪 90 年代后经历了高速增长的时期，2015 年的全球出口总额较 1988 年增长了 19 倍。

跨国公司为取得竞争优势，在全球范围内寻求最优资源配置的生产策略，形成了全球生产网络。在利润最大化的驱动下，跨国公司依据全球不同地区的禀赋优势，将不同生产工序在最佳的地点组织生产。虽然生产的全球布局提高了跨国企业的生产效率，但生产的碎片化也会产生额外的成本。总体来看，当跨国公司分散生产所带来的经济效益大于风险成本和协调成本时，跨国公司就会选择更多地将生产工序进行全球化生产，使得全球生产分工模式向产品内部进一步细化。受益于20世纪90年代以来全球贸易壁垒和生产协调成本的下降，效率优先成为驱动跨国公司进行全球产业链布局的主要逻辑，产品内分工得以迅速发展。在本轮生产全球化的浪潮中，全球生产和贸易格局呈现出以美国、德国、中国为核心节点的"北美—欧洲—亚洲"三足鼎立格局（鞠建东等，2020）。虽然生产全球化的分工体系为全球带来了一段宏观上高增长、低通胀、超长景气的"大稳健"时期（Stock et al. ，2003），但矛盾却开始在新兴经济体与发达经济体之间积累。

对于新兴经济体来说，产品内的分工模式使原先不具备生产完整产品能力的发展中国家也能够参与全球分工体系。但在该分工模式下，发展中国家承接的生产环节都是由发达国家的跨国公司所安排的，发达国家通常将设计、研发、销售等高附加值环节保留在手中，攫取主要利润。利润和技术积累的缺失导致发展中国家难以进行产业链升级，且技术含量较低的生产环节具有相对较高的可替代性，不同发展中国家之间的相互竞争又进一步挤压了发展中国家的利润空间，最终造成了"低端锁定"的问题。而对于发达经济体来说，产品内的分工模式则加剧了发达国家内部的收入不平等。产品内分工模式下发达国家进一步扩大对外产业转移的力度，国内仅保留部分高附加值的生产环节，制造业占比不断下降。服务于高附加值环节的知识型劳动者和跨国公司的投资者都在全球化中取得了可观的投资回报。

随着全球化利益分配不均的问题日益凸显，全球生产网络在金融危机后陷入停滞。中间品贸易占比和全球价值链参与度在2008年的峰值后逐步下降。近年中美贸易摩擦、俄乌冲突和新冠疫情增加了全球经济的不确定风险，各个国家和跨国公司开始重新审视安全问题在生产布局决策中的重要性。

二、亚太价值链在全球地位的动态演变

（一）亚太地区在全球价值链体系中的地位日趋提升

2023 年，亚太地区经济总量占全球经济总量近七成，商品和服务贸易总量占全球总量的近一半。近年来，中国和东盟两大新兴经济体平均每年对全球经济增长的贡献率总计高达 40% 以上。目前，基于全球价值链协作体系形成的东亚生产网络体系，已经成为与北美和欧洲并列的全球三大生产网络体系之一。在新冠疫情冲击下，亚太区域经济一体化的进程并未停止，反而使得东亚生产网络体系的合作更加紧密。无论是疫后经济复苏还是经济一体化的持续发展，亚太地区都为全球经济发展提供了新的动能。《区域全面经济伙伴关系协定》（Regional Comprehensive Economic Partnership，RCEP）正式实施之后，东亚经济圈正式形成，亚太经济增长的内生性将显著增强，基于区域内相互贸易和投资所形成的价值链合作体系将日趋完善。

1. 全球价值链体系和"三足鼎立"格局对全球发展的影响

20 世纪 80 年代，随着美国、欧洲、日本等发达国家（地区）的大量资本开始流入新兴经济体市场，世界经济重心开始东移，由发达国家（地区）跨国公司推动、发展中国家（地区）参与的全球价值链分工体系不断发展，逐步形成了以美国、德国和中国为核心的"北美—欧洲—亚洲"三足鼎立的全球价值链协作格局。正是因为《关税及贸易总协定》（General Agreement on Tariffs and Trade，GATT，简称关贸总协定）为全球贸易制定了有利于发展中国家参与国际分

工与国际贸易的规则体系，才促使这种格局的形成。随着交通运输和通信技术的不断变革，国际分工模式也发生了巨大改变，从以产业间分工和产业内分工为主要特点的"产品贸易"分工模式逐渐转变成以产品内分工为主要特点，并由不同国家进行不同零部件的生产或为不同生产环节提供服务，由一个国家负责最终环节并面向全球市场销售的价值链生产体系。进入21世纪以来，全球价值链体系降低了贸易壁垒、减少了运输成本、拉动了就业，并为发展中国家带来经济增长。

不同经济体在全球价值链上所处位置也是不同的，美国和德国均处于高端环节，亚洲国家及地区中只有日本处于高端行列。在创新驱动发展模式推动下，未来中国在全球价值链上的增加值仍有巨大的持续提升空间，将由中低端环节向中高端环节移动。按照"两步走"的战略目标部署，2035年中国将可能在全球价值链中跻身中高端行列，2049年将跻身高端行列。

根据世界贸易组织（World Trade Organization，WTO）等机构联合发布的《2021全球价值链发展报告：超越生产》，新冠疫情不仅扰乱了世界经济，也对全球价值共享的复杂生产网络产生深刻影响，特别是芯片等半导体和其他关键零部件的供应链危机导致相关产业链也发生了巨大变化。自2020年新冠疫情暴发以来，全球价值链协作是防止全球经济陷入衰退、实现复苏增长的关键路径。鉴于美国、中国和德国在全球价值链上处于显著核心位置，其货物与服务的增加值占比远高于其他国家，中美欧之间基于全球价值链的协作对于当前全球经济走出滞胀状态、实现可持续发展至关重要。

2. 亚太地区在全球价值链体系中的作用愈发重要

自亚太经济合作组织（Asia-pacific Economic Cooperation，APEC，

简称亚太经合组织）成立以来，亚太地区逐步成为世界范围内最具经济活力、自由贸易增长最快、全球价值链分布最为密集的区域。作为全球价值链上的核心国家，中国和美国的制造业增加值合计占全球制造业增加值近一半。日本和韩国也是全球价值链生产体系中非常重要的中高端资本品供应国。亚太地区在全球价值链体系中的地位愈发重要，对全球经济增长的贡献也首屈一指。

据亚洲开发银行（Asian Development Bank，ADB）发布的《2020年亚太地区关键指标》报告，亚太地区现已成为全球国内生产总值的最大贡献者，贡献率从 2000 年的 26.3% 提升至 2019 年的 34.9%。依据 2022 年 APEC 图表报告，2021 年 APEC 地区 GDP 总量是 59 万亿美元，占全球 GDP 总量的 62%；GDP 增速达到 5.9%，远超世界平均水平。《亚洲经济前景及一体化进程 2022 年度报告》指出，2021 年亚洲经济增长强劲反弹，亚洲经济体加权实际 GDP 增速为 6.3%，较 2020 年上升 7.6 个百分点。按购买力平价标准计算，2021 年亚洲经济总量占世界经济总量比重较 2020 年提升 0.2 个百分点至 47.4%，已经成为全球经济增长的最重要引擎。国际货币基金组织（International Monetary Fund，IMF）2024 年 4 月 30 日发布的区域经济展望报告显示，预计 2024 年，亚太地区全年经济增长率有望达到 4.5%，对全球经济增长的贡献率约为 60%。

世界贸易组织、世界银行（The World Bank，WB）和亚太经合组织等国际组织在 2019 年联合发布的《全球价值链发展报告 2019》中指出，2000 年，欧洲经济一体化程度和全球价值链活动占比最高，北美和亚洲分列第二和第三。2017 年，随着区域经济规模不断扩大，亚洲地区的全球价值链参与度不断上升，如价值链的复杂前向参与度由 2000 年的 38.5% 上升到 2017 年的 43.9%，价值链复杂后向参与度由 2000 年的 39.6% 上升到 2017 年的 46.2%。这表明亚洲特别是东亚地区区域内部分工更加细化和深入,区域经济一体化程度有所提高;而北美和欧盟地区全球价值链参与度则基本呈现下降态势。

3. 亚太地区在制度建设方面为全球树立了新范式

RCEP 的实施是亚太地区在制度建设方面为全球经济治理树立的新典范。RCEP 中关于货物贸易的原产地规则(即区域内成员生产的累积区域价值成分达 40% 的货物将在区域内享受零关税待遇)、区域内贸易和投资的创造效应将不断强化成员之间的价值链协作程度,进一步提升亚太区域经济一体化水平,并为全球经济复苏提供新动力。

RCEP 覆盖人口约 22.7 亿,成员国 GDP 总量约占全球 GDP 总量的 33%,出口额约占全球出口总额的 30%,是拥有全球人口最多、经贸规模最大的自由贸易区。RCEP 的实施将形成更加细致的亚太区域价值链体系分工、打造经贸合作新增长点、深化亚太区域经贸合作,进而提高成员国的福利和工资水平。RCEP 不仅涵盖传统的货物贸易、服务贸易、投资、海关程序和贸易便利化、贸易救济、原产地规则等议题,还包括电子商务、知识产权保护、竞争政策、政府采购等 21 世纪贸易投资中出现的新议题。RCEP 的实施将推动亚太地区形成更高水平的开放型经济体系,促进技术革新和制度创新,推进成员国经济一体化发展进程。

2021 年,中国正式递交了加入《全面与进步跨太平洋伙伴关系协定》(Comprehensive and Progressive Agreement for Trans-Pacific Partnership,CPTPP)和《数字经济伙伴关系协定》(Digital Economy Partnership Agreement,DEPA)的申请。CPTPP 中贸易与投资的自由

化便利化程度最为接近零关税、零壁垒和零补贴，同时对各国内部的经贸规则体系具有非常重要的重塑效应。CPTPP 和 RCEP 均是亚太地区的重要自由贸易协定，未来将引领亚太经济一体化朝着亚太自贸区方向不断迈进。DEPA 将助力亚太地区数字化和智能化发展，提升该地区价值链的协作效率和紧密程度。

（二）亚太区域经济合作的持续深化将增强全球价值链协作

亚太区域经济合作是全球价值链合作中至关重要的环节。随着东亚贸易规模的日益扩大，以中日韩为代表的东亚地区在亚太区域价值链中占据主导地位。得益于 RCEP，东亚地区的价值链合作日渐深化，这将进一步推动亚太地区的国际分工，深化亚太地区经贸合作进程。同时，亚太区域经济一体化也促进了全球价值链合作。

1. 东亚生产网络是亚太区域价值链协作的关键平台

20 世纪 80 年代，中日韩三国通过相互间产业内贸易和企业内贸易构建了区域供应链，并逐渐形成了在岸和离岸相结合，集成创新和智能制造，具有近岸化、区域化特点的东亚生产网络。2008 年前后，东亚地区的贸易规模超过北美，成为仅次于欧盟的全球第二大经济区，东亚生产网络由此成为亚太价值链协作中最为关键的平台。

2. RCEP 推动东亚三国价值链合作不断深化

中日韩三国拥有临近的地理位置，产业优势和经贸合作方面也具有较强互补性。在新冠疫情的冲击下，2021 年中日、中韩的双边贸易额依然分别达到了 3714 亿美元和 3600 亿美元，均实现了逆势增长，充分展示出中日、中韩经贸合作的韧性。RCEP 实施之后，中日、日韩分别首次建立起自贸伙伴关系，为中日韩达成自由贸易协定的谈判提供了新的基础。

目前，中日韩三国的 GDP 总量约占 RCEP 成员国 GDP 总量的 80%，约占全球 GDP 总量的 25%，超过了欧盟。在 RCEP 框架下，中日韩三国将继续发挥产业链上下游互补性，不断深化经贸合作。中日韩可以根据各自的国情和需求，在已生效的 RCEP 基础上提出更高标准，形成进一步推进东亚区域经济一体化的"RCEP +"合作模式。

RCEP 的落地实施对中日韩三国的价值链合作起到了促进作用：在货物贸易方面，进一步简化了三国的进出口手续，减少了海关关税，降低了合作成本；在服务贸易方面，提升了三国的开放程度，促进国家间的技术人才交流和良性竞争，实现了优势互补，有助于打造更加紧密的经贸合作。

3. RCEP 将推动亚太地区国际分工进一步深化

价值链区域化推进亚太贸易规则和分工深度发展。截至 2023 年 6 月，全球累计生效的区域贸易协定（RTA）数量达 360 个。CPTPP、欧日经济伙伴关系协定（EU – Japan Economic Partnership Agreement，又称日欧 EPA）、美国 – 墨西哥 – 加拿大协定（United States – Mexico – Canada Agreement，USMCA）、RCEP 等超大型区域经贸协定先后生效实施，一定程度上形成经济区域化对经济全球化的替代，并逐步形成全球高标准经贸规则的主流体系，其中 RCEP 便是大型区域贸易协定的典型代表。

RCEP 在电子商务、知识产权、竞争政策、中小企业等领域的规定，保证了区域内货物和要素的自由流动，有效满足了全球价值链分工模式下不断产生的新需求。同时，覆盖贸易、投资、产业领域的全方位规则和安排将促进区域内统一大市场的建成。得益于 RCEP 的实施，成员国可以根据自身比较优势来不断深化国际分工、提高资源配置效率。随着海外市场的扩大，RCEP 的实施也会对供给侧施加改革压力，由此促进成员国之间的产业转移与升级。

随着技术与资本等要素的加速流动，亚太地区的国际分工格局也发生了重大变化：由美国、日本等发达经济体为主导的垂直分工模式和区域内各经济体横向竞争的格局，转变为美日、新兴经济体、东盟各国之间横向分工与联合的格局；区域内产业转移由发达经济体向发展中经济体的单向互动，转变为双向互动，甚至是多向互动。

4. 亚太经济一体化程度不断提升将强化全球价值链协作

2023 年，亚太区域一体化持续呈现正向发展的趋势，亚太经济一体化进程的持续推进，受益于基础设施的互联互通和区域价值链合作的不断深化。据亚洲开发银行统计，2006 ~ 2019 年，亚太区域合作与一体化指数增长了 7%；而在疫情期间亚洲金融市场也保持了较强的吸引力，2020 年亚洲经济体吸引外国资产投资增幅达 18.4%，同比增长 4%。

RCEP 的实施有助于进一步发展 APEC 互联互通、提高亚太区域内的价值链合作水平和推进亚太自由贸易区的建设，为建设"开放包容、创新增长、互联互通、合作共赢的亚太命运共同体"提供强有力制度和规则支持。亚太经济一体化程度的不断提升将强化全球价值链协作，并将形成一个新格局，进而会推动全球化经济发展（张建平，2022）。

三、亚太价值链的内部调整和变革

二战后，亚太地区生产体系先是经历了日本主导的"雁行模式"，再到 20 世纪 90 年代各经济体逐渐融入到美国主导的全球价值链分工体系。90 年代后，亚太价值链实施的基本是以美国为核心的分工模式。但 2008 年国际金融危机之后，随着亚太地区发展中经济体市场地位的不断上升，特别是美国在亚太战略的调整，以美国为核心的亚太价值链分工模式开始变革，2019 年疫情的冲击更是加速了亚太区域价值链调整和重塑的进程。本部分对亚太价值链调整和重塑的过程进行梳理，重点关注近年来亚太价值链出现的新变革和新动向。

（一）比较优势格局的变化导致区域价值链内不同生产环节出现收缩或迁移

价值链环节承接国的劳动力成本和技术水平变化会改变发包国的外包决策，进而引发价值链不同环节的调整。

马克·希利（Mark Hiley）认为，亚太地区国家经济环境和国内比较优势经历了明显的结构转变和再调整，特别是亚洲国家制造业部门的工业化进程和出口模式的变化，加速了经济结构转变（Mark，1999）。正是这种经济结构和国际分工模式的转变，使亚太地区价值链合作模式不断蔓延，由此加速了该地区互联经济的深入发展。

现实中，亚太地区国家的经济发展水平参差不齐，正是这种发展水平的异质性造就了国家比较优势的不同。20 世纪 60 年代以来，亚太地区生产体系经历了以进口替代促进出口导向的"雁行模式"，后来演进为目前盛行的错综复杂的价值链体系，这种分工充分体现了比较优势理论的现实应用。21 世纪初，"雁行模式"的更迭体现了亚太产业的转型与转移，中国在全球价值链中地位不断攀升，越南、孟加拉国、柬埔寨等国的制造业也正在崛起，这些曾经贫困的东南亚国家开启了新一轮的工业化。亚太互联经济格局出现了动态变化，国家间在经济产业结构上的更迭使亚太经济结构呈现重构的趋势。

亚太地区的互联经济，特别是东亚地区的互联经济被称为"亚洲工厂"，其体现在高度集中参与国际垂直分工的生产共享模式。在东南亚新兴市场国家掀起的新一轮工业化过程中，一些产业借助

"雁行模式"向这些国家转移,也延长了垂直分工的价值链长度。在这种垂直分工下,促成了区域内"三角形产品流动"的模式,具体表现为:第一,亚太价值链上游经济体向中国等新兴经济体提供中间产品进行加工组装;第二,中国等国家加工组装这些中间产品成为最终消费品;第三,这些最终消费品再出口到全球比较大的消费市场,如美国和欧盟等。特别值得一提的是,中国在亚太互联经济中的作用也可以通过上述后向关联指数得以体现。近些年来,中国在全球和区域价值链中的地位不断攀升,并成为连接上下游环节的"中枢",但还有很大的升级空间。

从经济体在亚太互联经济中的获益角度来看,亚太地区的发达经济体基本上占据了"微笑曲线"的设计、营销等高增加值环节,分布在低增加值环节的不仅有中国,还有越南、菲律宾、柬埔寨、孟加拉国等东南亚新兴市场国家,其中一些曾经贫困的国家因参与了全球价值链而使经济状况不断改善(见图1.1),这是当前亚太地区生产、经贸联系的基本格局。但随着全球价值链的不断演进,亚太互联经济格局重构也随着全球价值链重构而发生(马涛、盛斌,2018)。

随着亚太各经济体之间比较优势的变化,亚太价值链已经具备了发生重构的基础:其一,助推亚太价值链形成的比较优势格局已发生了变化。以中国为代表的发展中国家最初是以低廉的要素价格比较优势嵌入亚太价值链,从事价值链中劳动密集型环节的生产。然而随着各经济体要素成本的上升,比较优势格局变化导致亚太价值链的不同生产环节出现收缩或异地迁移。如中国劳动力成本的上升致使美国在华企业开始转向越南、印度尼西亚等劳动力成本更低的国家(Sirkin,2011)。其二,亚太发展中经济体的技术水平普遍得以提升。随着发展中经济体参与亚太价值链程度的日益深化,在竞争效应、学习效应、技术外溢效应和倒逼效应（王玉燕等，2014）的共同作用下，发展中经济体优秀企业的生产技术得以快速提升，进而逐渐从亚太价值链低端环节向品牌营销、研发设计等高端环节延伸，并获得更多的价值链利益。其三，贸易保护主义思潮暗流涌动。2008 年国际金融危机，特别是特朗普上台以来，美国大肆推行贸易保护措施，单方面与中国、日本和韩国等主要亚太价值链参与国产生贸易摩擦，亚太价值链贸易受到重创。与此同时，为推动制造业回归，美国加快实施了再工业化战略。这些均使得亚太价值链组织结构与分工模式发生改变。其四，WTO 框架下的多边贸易体制逐渐被区域和双边贸易规则取代。在发达和发展中国家都试图重塑国际经贸规则的今天，以 CPTPP、RCEP 等为代表的地区贸易协定和以中韩、中新自贸区为代表的双边贸易协定，通过建立高标准的国际经贸规则，改变了亚太各经济体的比较优势和价值链贸易模式，进而对亚太价值链组织结构产生了深刻影响。

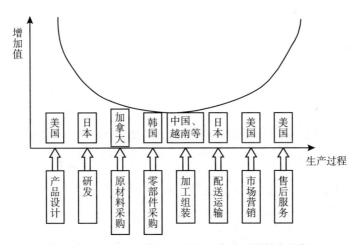

图 1.1　亚太地区产品内价值创造的"微笑曲线"

资料来源：马涛，盛斌．亚太互联经济格局重构的国际政治经济分析——基于全球价值链的视角［J］．当代亚太，2018（4）：86–112.

与此同时，多种因素共同成为驱动亚太价值链重构的重要动力源。其一，借助劳动力和资源禀赋优势嵌入亚太价值链并承担加工组装环节的发展中经济体，如中国、东南亚国家等，为争取价值链高附加值环节的生产利益和跳出主要经济体企业对本国的"低端锁定"（刘志彪，2017），一方面通过"干中学"效应不断提升生产技术水平和进口替代能力，另一方面会对碎片化生产进行再组合以获得规模经济效应（丁宋涛、刘厚俊，2013），这些就构成了亚太价值链重构的内生动力。其二，多种外部因素构成亚太价值链重构的外部动力。价值链环节承接国的劳动力成本和技术水平变化会改变发包国的外包决策，从而改变亚太价值链分工格局（Khalid et al.，2015）。企业外部经营环境的变化（如经济衰退、金融危机、竞争加剧和贸易摩擦等）会促进企业转型升级，进而推动亚太价值链重构（毛蕴诗等，2015）。此外，跨太平洋伙伴关系协定（Trans – Pacific Parther – Ship Agreement，TPP）、"一带一路"倡议等国际经贸协议通过改变亚太价值链合作程度和合作模式，成为推动亚太价值链重构的重要动力（秦升，2017；陈淑梅和高敬云，2017；阚登峰等，2017）。

在 2008 年国际金融危机、贸易保护主义和美国"再工业化"战略的共同冲击下，亚太价值链经历了深刻的重构历程。具体表现为：

第一，就价值链长度视角而言，亚太经济体间的价值链长度呈现显著的结构性变化特征，中国香港、美国、墨西哥和秘鲁与其他大多数经济体的价值链长度趋于收缩，而中国、中国台湾、韩国、俄罗斯、越南和马来西亚等 11 个经济体的价值链长度趋于延长。

第二，就价值链合作度而言，亚太地区的价值链合作度呈现下降趋势，但不同经济体参与亚太价值链的合作度变动趋势存在较大差异，其中主要发展中经济体与其他多数经济体的价值链合作度呈下降趋势，但主要发达经济体与其他多数经济体的价值链合作度呈上升趋势。总体而言，价值链合作度视角下亚太价值链的重构特征较为显著。

第三，就价值链地位而言，无论从需求还是生产视角来看，发展中经济体相对亚太价值链地位大多趋于上升，而发达经济体的情况恰好相反。需特别说明的是，中国基于需求和生产视角的亚太价值链地位均得以显著上升，这成为亚太价值链重构过程中的重要表现。

第四，就价值链分工模式而言，以美国为核心的亚太价值链分工模式发生了显著重构，俄罗斯、越南和智利更深入地融入以美国为核心的亚太价值链分工模式，而其他经济体对以美国为核心的亚太价值链分工模式的依赖程度趋于下降。

第五，亚太价值链重构背景下中国在亚太价值链中的角色发生了显著变化。在2008～2020年期间，随着中国所参与的亚太价值链链条长度不断延伸，分工程度日益复杂，其在亚太价值链中的地位得到显著提升，对所参与亚太价值链的影响力和控制力有所增强。然而，随着中国劳动力和土地要素禀赋优势的逐渐丧失，美日等跨国公司逐步将亚太价值链的加工组装环节由中国转移到越南，这导致中国的亚太价值链合作度不断下降，对以美国为核心的亚太价值链分工模式的依赖程度随之趋于弱化（周彦霞等，2021）。

（二）WTO框架下的多边贸易体制逐渐被区域和双边贸易规则取代

全球产业链是伴随经济全球化进程形成和演进的，"逆全球化"和"再全球化"趋势直接影响全球产业链的重塑。2008年国际金融危机发生后，世界经济和贸易陷入较长时期的结构性低迷，部分国家和地区出现了以贸易保护主义、单边主义和民粹主义为代表的与全球化进程反向而行的思潮与行动。与此同时，WTO 多哈回合谈判久拖不决，多边贸易体制改革举步维艰，给全球产业链发展的宏观环境带来负面影响，国际产业间、产业内和产品内分工不断细化的势头明显放缓。

全球产业链重塑是当前世界经济发展的重要趋势之一，其与加速演变的百年变局之间的联动关系日趋紧密。目前，亚太地区经济和贸易总量分别约占世界总量的 60% 和 50%，集中了除欧盟成员以外最主要的制造业和贸易大国。自 20 世纪 80 年代以来，得益于多形式、多层次、多领域的区域经济合作，亚太地区成为全球范围内产供链分布最密集的地区和驱动世界经济增长的主引擎。因此，积极拓展和深化亚太区域经济合作不仅将在稳定和完善全球产业链体系方面发挥举足轻重的作用，而且会为推进构建开放型世界经济作出重要贡献（刘晨阳，2024）。

区域经济一体化安排逐渐成为亚太地区新一轮国际经贸合作的主要形式，亚太地区成为全球自由贸易协定密度最大、数量最多的地区之一，该地区签署和实施的区域贸易协定数量由 2000 年的 23 个增加到 2022 年的 143 个。且与传统贸易条款仅关注边境层面的关税与非关税削减不同，亚太地区的现行区域贸易协定更多关注边境后层面的知识产权、投资与竞争政策、电子商务、劳动力市场规制等深度贸易条款。这些深度贸易条款可有效削减阻碍亚太各经济体经贸合作的深层次贸易壁垒，大幅度提高区域内经济体之间的贸易投资便利化和自由化水平，进一步释放区域贸易协定缔约成员之间的价值链合作潜力，进而重塑各经济体参与亚太价值链合作所获贸易利益的地理分布格局。

亚太价值链利益分配格局重塑是亚太经贸格局重塑的主要表现形式。深入考察区域深度贸易协定在亚太价值链利益分配格局重塑中所扮演的角色,有助于更有效地理解和应对亚太价值链利益分配格局重塑。张志明等的研究表明,区域深度贸易协定显著促进了亚太价值链利益分配格局重塑,且可通过扩大亚太价值链地位差异和降低贸易成本两种渠道来实现重塑效应。异质性检验发现,区域深度贸易协定的重塑效应在"发达经济体—发达经济体"组合当中相对较强,且主要借助于诸边区域贸易协定来实现,未在 WTO 框架内的条款和非关税条款深化的重塑效应更强,从条款内容来看,深度贸易自由化条款、要素流动自由化条款和研发合作条款深化的重塑效应更为强劲;与服务业相比,区域深度贸易协定对亚太非服务业价值链利益分配格局的重塑效应更为强劲。此外,缔约双方的地理距离和文化距离越大,且与其他亚太经济体缔结的区域贸易协定越多,重塑效应就越小。总而言之,区域深度贸易协定不仅有助于提升缔约双方价值链合作所获贸易利益占比,还可为双方价值链合作利益提供坚实的制度保障。对于中国而言,要加快构建面向全球的高标准自由贸易区网络,并以此不断优化中国参与亚太价值链的利益分配格局(张志明、周艳平、尹卉,2024)。

(三)区域成员合作出现分化情绪

一方面,2008 年全球金融危机后,民族主义、贸易保护主义兴起,加之美国"再工业化"战略的推出,亚太价值链遭受重创;2008 年金融危机以来,随着美国再工业化战略的实施以及针对亚太经济体的贸易保护主义措施,各经济体对美国的依赖程度有所变化。

另一方面,东亚区域经济体在经济结构和产业布局上存在显著的互补性，凸显了区域价值链的重要性。在经济全球化进程严重受挫、多边贸易体制发挥作用有限的情况下，亚太生产网络的参与者更充分意识到彼此经济的高度依赖性，只有进一步加强区域合作，才能减少全球价值链重构对本国经济带来的负面冲击。

2008 年国际金融危机，特别是特朗普上台以来，美国大肆推行贸易保护措施，单方面与中国、日本和韩国等主要亚太价值链参与国产生贸易摩擦，亚太价值链贸易受到重创。与此同时，为推动制造业回归，美国加快实施了再工业化战略。这些均使得亚太价值链组织结构与分工模式发生改变。逆全球化对亚太互联经济格局尤其是价值链产生了重要影响。逆全球化往往通过亚太价值链的上下游传导属性，破坏或改变亚太互联经济的现有格局。由于亚太地区参与价值链的国家利益相互交织，逆全球化行为会"牵一发而动全身"，改变亚太地区国际经济秩序（马涛、盛斌，2021）。

东燕等分析了新冠疫情冲击、中美贸易摩擦对亚太价值链的影响。第一，亚太地区是当今全球价值链活动最为密集的地区，21 世纪以来，亚太生产网络密集度不断提高，价值链分工不断深化。第二，无论是中美贸易摩擦还是新冠疫情，在亚太地区中美两国受到的冲击相比其他国家（地区）外溢效应更强；中美贸易摩擦中，中国风险敞口最大的商品部门是电气电子制造业，服务部门是航空运输业。同时，中美贸易摩擦对为中国提供中间产品的亚太经济体造成了较大冲击。第三，随着疫情的暴发及在全球蔓延以及中美脱钩论的再度兴起，中长期来看，亚太价值链将趋于简单化和国内化，美国很有可能将其生产网络向北美地区收缩，而亚太其他国家（地区）为控制价值链风险，也可能进一步减少对中国的依赖（徐奇渊、东艳等，2022）。

第二节 全球价值链重构背景下的 国际经贸规则变迁

一、多边贸易体制的困境

(一) WTO 遭遇挑战

第二次世界大战之后,国际贸易秩序的恢复成为国际经济秩序恢复的主要内容(科依勒·贝格威尔,2005)。因此,构建世界贸易体系被提上了国际议程。各国通过对两次世界大战期间国际经济政策的反思,认为正是一战之后,美国对外竖起高关税和贸易保护的大门,各国也对美国采取关税报复措施,导致了世界贸易秩序的严重混乱和更大程度的经济萧条(张斌,2003)。由此而言,这使得世界经济的恢复存在着制度层面的两大障碍:其一是国家间的关税壁垒,其二是各国竞相贬值的汇率政策。为了克服制度性障碍,国际社会需要使用管理手段来替代国内政府的管理手段,由此而推进形成了以关贸总协定、国际货币基金组织和世界银行为代表的三大支柱(彭刚、胡晓涛,2019)。

1995 年 1 月 1 日成立并运作的世界贸易组织及其前身 GATT 作为当代最重要的国际经济组织之一,在构建和推进多边贸易规则方面做出了巨大贡献。WTO 遵循 GATT 的做法,通过发起回合谈判的方式,努力制定新规则、做出新减让。所管理的贸易体制被认为是狭义上的多边贸易体制（multilateral trading system）（黄河、赵丽娟，2019）。多边主义对应的是单边主义，它蕴含的意义包括以多边方式共同解决国际合作中出现的分歧，最大限度兼顾各方利益，避免冲突发生（胡加祥，2022）。WTO 负责贸易规则谈判、贸易政策审查和贸易争端解决。与其前身 GATT 相比，WTO 弥补了 GATT 的不足之处，如 WTO 成为具有独立国际法律人格的国际组织，有自己的组织机构和决策机制，而有法律人格意味着国际组织制定的规则和做出的裁决对相关成员有约束力。[①] WTO 由成员驱动、成员管理，各成员组成的部长会议和总理事会是其最高决策机构，按共识原则决策，任何一个成员对议决事项都有否决权，总干事领导的秘书处不参与决策。WTO 及 GATT 所推行的多边主义经过长期的实践，在全球贸易体制中发挥着基础性作用。但是当前 WTO 多边谈判功能和争端解决职能却遭受了重大挑战。

国家一直通过多边、区域、双边等多元贸易安排多层面发展经贸关系。但近年来，以世界贸易组织为核心的多边贸易秩序面临危机。首先，世界贸易组织维系多边贸易秩序的职能被削弱。一方面，全球价值链对国际贸易秩序产生根本影响，世界贸易组织确立的贸易规则逐渐陈旧，急需就诸如数字贸易、服务贸易、竞争政策、环境与劳工标准等议题达成新的规则（刘彬，2020）。另一方面，世界贸易组织的组织机构难以满足贸易秩序的现实需求。尤其自多哈回合谈判迟滞以来，多边贸易谈判陷入困境，"协商一致"决策机制、"一揽子"谈判模式等需要改革。贸易谈判的困局限制世界贸易组织的"准立法"功能，专家组与上诉机构开始承担"司法性立法"职能，进一

---

① 《维也纳条约法公约》第 27 条规定："一当事国不得援引其国内法规定为理由而不履行条约。"

步为争端解决机制的正当性埋下隐患。随后美国发难，上诉机构于2019 年 12 月停摆，世界贸易组织的争端解决机制亦面临困境。总而言之，陈旧的贸易规则削弱了成员对世界贸易组织治理贸易市场的信心，维护该规则的争端解决机制之正当性亦受到减损。此外，世界贸易组织的各类委员会、理事会亦未有效发挥政策监督职能，确保成员采取符合世界贸易组织规则的贸易措施。

（二）多哈回合谈判后的困境

在多边贸易谈判方面，自从 2001 年开始多哈回合谈判以来，除了达成《贸易便利化协定》以外，没有达成其他的市场开放或关税减让的成果。2017 年在布宜诺斯艾利斯召开的部长级会议，实质上宣布了 WTO 多边谈判已经处于停滞不前的状况（龚柏华，2019）。在争端解决方面，自 2016 年开始上诉机构成员遭到美国不断阻挠，至 2020 年 12 月最后一位法官卸任，争端解决机制现面临严峻的制度性僵局。

究其原因，美国从自身利益出发，对多边贸易体制的理念和逻辑产生了根本性的质疑（屠新泉，2018）。2007 年全球金融危机爆发前，美国金融保险业、房地产业等虚拟经济产业对 GDP 的直接贡献率超过 20%，而制造业对美国 GDP 的贡献率已经降至约 12%（张成思，2019）。全球金融危机后，美国政府意识到制造业"空心化"，采取了大规模的"再工业化"政策，但效果却微乎其微。到 2019 年，美国制造业对 GDP 的贡献率已经进一步萎缩至约 10%。

一方面，从国际经济环境上看，在美国和欧盟等发达经济体稳定发展的同时，新兴经济力量以及发展速度较快的发展中国家也在不断提出自己的发展要求和利益主张。随着各国力量的多极与不均衡发展，各国在全球贸易治理中的主张和议题产生较大分歧，成员的异质化倾向愈发凸显，难以达成共识。面对国际形势的转变，美国贸易政策的重心也开始发生偏转；美国通过使用业已积累并掌握的结构性权力，逐步利用美国国内法的模式干涉对外经贸活动（黄河和高辉，2007）。在针对如何处理贸易摩擦这一问题上，美国重拾以"301 条款"为主要代表的单边主义措施（何力，2017）。例如，2018 年 4 月 3 日，依据"301 调查"结果，美国贸易代表办公室（Office of the United States Trade Repre – Sentative，USTR）建议对来自中国的价值约 500 亿美元的进口商品加征 25% 的关税，主要涉及信息和通信技术、航天航空、机器人、医药、机械等行业。美国的单边主义做法公然违背了世贸组织精神，已触及了 WTO 的核心原则，严重损害了多边贸易体制的基础与权威（黄河、赵丽娟，2019）。

另一方面，从 WTO 内部的特征和现实状况看，尽管 WTO 的"协商一致"和"一揽子承诺"原则在多边贸易谈判中发挥了积极的作用，给予了成员平等发声的权利，但是其所带来的决策效率低下和议题关联性主张也给 WTO 继续进行更多新议题的多边谈判造成了阻碍。"协商一致"作为关贸总协定的决策机制在 1994 年被 WTO 沿用，有其自身的优势，体现了 WTO 成员驱动的组织模式。在多边贸易体制下，"协商一致"体现了保护弱势方群体的利益，也在形式上表明了 WTO 所追求的"成员平等"（龚柏华，2019）。然而与此同时，"协商一致"也具有一定的局限性。当前国际经济客观环境发生较大的变化，在发达经济体稳定发展的同时，发展速度较快的新兴国家也在不断提出自己的发展要求和利益主张，随着力量格局的演变成员方利益需求逐渐趋向不均衡发展和多极化，各国在全球贸易治理中的主张和议题产生较大分歧，很难达成一致的共识。在这种情况下

"协商一致"在一定程度上影响成员方之间的谈判效率以及最终协议的达成。

按照《关于争端解决规则与程序的谅解》（DSU）的相关规定，上诉机构作为专家组的上诉机关，是由 7 名成员组成的常设性机构。成员任期届满后可以连任，但是并非自动连任。而上诉机构成员的任命需要争端解决机构（Dispute Settlement Body，DSB）全体协商一致，只要有任何一个成员表示反对任命或连任，该项决定就不能生效。由于美国不断阻挠，上诉机构成员遴选和连任的决定迟迟不能通过，在任成员因任期届满而越来越少。2019 年 12 月两名成员卸任，从形式上造成上诉机构停摆。实际上，争端解决机制是由专家组和上诉机构共同构成的，而上诉机构按其规定共需要 7 人，个案由 3 人办理。当上诉机构无法根据程序满足 7 人的要求时，造成常态化的人数低于要求，即其存在本身已经违反了程序规定。如果上诉机构瘫痪，专家组的正当性同时会受到质疑。直至 2020 年 12 月上诉机构最后一名成员赵宏卸任，上诉机构如今已经没有任何正式的在任成员。

2020 年 4 月 30 日，在新型冠状病毒肆虐全球、各国紧急应对疫情、国际经贸遭遇重创之际，中国、欧盟和其他 17 个成员向 WTO 通报《多方临时上诉仲裁安排》（Multi - Party Interim Appeal Arbitration Arrangement，MPIA）。这是自 2019 年 12 月 11 日 WTO 上诉机构因美国阻挠新成员任命而被迫停止运作以来，部分成员在危机应对方面所取得的最重要的进展。MPIA 机制秉承保持 WTO 争端解决机制的两大核心特点，即两审终审并提供有约束力的裁决结果之精神，维护以规则为基础的多边贸易体制，显示出中国和欧盟等重要成员对未来恢复上诉机构的支持（石静霞，2020）。

然而，目前虽然有临时上诉机制安排，但是仍然仅是一个诸边协定。上诉机构停摆造成整个争端解决机制的危机，这导致世贸组织争端解决机制事实上回到 GATT，也就是一个没有约束力的争端解决机制、一个被告可以一票否决的时代。这将极大削弱世贸组织逐步建立的反向协商一致，及所具有的准司法裁决效力。此外，这将导致世贸组织的整体危机，而不仅限于争端解决机制。争端解决机制的危机将危及世界贸易组织的谈判功能以及成员对以规则为导向的多边贸易体制的信心（赵宏，2021）。

（三）WTO 改革

面对世贸组织陷入自成立以来的重大危机，进行必要改革已是大势所趋，WTO 面临的危机包括但不限于以下几点：一是世贸组织的争端解决机制。上诉机构被视为"WTO 皇冠上的明珠"，按规定这个争端解决机制的上诉机构成员有 7 位，从 2018 年 1 月起只有 3 名成员，缺少的 4 名成员由于个别成员的阻挠无法填补。如果这一事态继续发展下去，上诉机构将陷入"停摆"；二是个别 WTO 成员滥用世贸规则中的安全例外条款，增加关税；三是极个别 WTO 成员采用单边措施，无视世贸组织多边规则，这种单边措施也置世贸组织于危机当中。

破解 WTO 上诉机构危机和争端解决机制困境是 WTO 改革的优先议题。在 2022 年 WTO 第 12 届部长级会议后，WTO 争端解决机制改革谈判进入新阶段，美国提案成为焦点。当前 WTO 争端解决机制改革谈判取得一定进展，但在理念认知、法律技术、议题关联、谈判时限等方面仍然面临重大挑战，能否如期达成全面解决方案存在很大的不确定性。为了维护多边贸易体制和国际经贸法治，需要未雨绸缪，探索破解僵局的新方案（纪文华，2023）。

WTO 改革的内容除了主要的争端解决机制改革之外，还有两方面的主要问题。一是解决透明度和通报的问题；二是贸易规则现代化的问题。关于透明度和通报的问题，透明度和通报要求是许多 WTO 协定的基本要素和 WTO 成员的重要义务。成员积极和全面地履行通报义务，才能保证其贸易政策的透明度，否则其他 WTO 成员无法监督其贸易政策是否符合 WTO 规则。关于贸易规则现代化的问题，自 1995 年 WTO 成立，世界经济和贸易已经发生了根本性的变化，但是 WTO 规则基本上没有变化。WTO 的重要职能之一——贸易谈判职能事实上已经瘫痪。导致这一问题的原因是多方面的，既有 WTO 成员的利益分歧，也有协商一致原则对规则发展的制约（郑伟、管健，2019）。

（四）MC12 的进展

1. MC12 的成果

2022 年 6 月 12 至 17 日，WTO 第十二届部长级会议（MC12）在瑞士日内瓦举行，会期由原定的 4 天延至 6 天，经过多轮密集谈判，最终取得"1 + 4"成果，内容丰富广泛，涵盖新冠疫情应对、新冠疫苗知识产权豁免、粮食安全、人道主义粮食采购、渔业补贴、电子传输暂免关税和 WTO 改革等议题，成果远超预期。相关成果有助于维系多边贸易体制，推动 WTO 在国际经贸规则制定等方面发挥作用，同时也为主要成员之间的良性互动提供了更大的多边空间。

《MC12 成果文件》主要包括四个方面的核心内容：一是重申"特殊与差别待遇"（S&D）是 WTO 协定不可或缺的部分；二是支持对 WTO 进行必要改革；三是承认争端解决和上诉机构问题的重要性和紧迫性，承诺将在 2024 年前恢复全体成员可及、充分的和运转良好的争端解决机制；四是认识到气候变化等全球性环境挑战。

在渔业补贴方面，MC12 通过了《渔业补贴协定》，协定禁止向非法、未报告和无管制（IUU）捕捞和过度捕捞鱼类种群的捕捞以及远洋捕捞（即无管辖的公海领域的捕捞）提供补贴，克制对换旗渔船、种群状况不明鱼类的捕捞提供补贴，允许提供救灾补贴等。协定为发展中成员提供了特殊和差别待遇（S&D），明确协定生效后2年内向发展中成员提供的相关补贴不适用争端解决程序，并成立渔业基金向发展中成员提供技术援助和能力建设支持。

在新冠疫情方面，MC12通过了《关于〈与贸易有关的知识产权协定〉的部长决定》（简称"TRIPs豁免决定"）和《关于世界贸易组织新冠肺炎疫情应对和未来疫情应对准备的部长宣言》（简称"疫情应对宣言"）。

在粮食安全方面，MC12通过了《关于紧急应对粮食安全问题的部长宣言》（以下简称"粮食安全的部长宣言"）和《关于世界粮食计划署购粮免除出口禁止或限制的部长决定》（以下简称"WFP购粮的部长决定"）。MC12还通过了《关于〈电子商务工作计划〉的部长决定》《关于小经济体工作计划的部长决定》《关于〈与贸易有关的知识产权协定〉非违反之诉和情景之诉的部长决定》以及《第12届部长级会议卫生与植物卫生部长宣言：应对现代卫生与植物卫生挑战》。前三项为历届部长级会议的固定项目，关于卫生与植物卫生的宣言则是新举措，有助于推动卫生与植物卫生委员会相关工作与时俱进，协助各成员更有效地应对可持续发展、粮食安全等方面的全球性挑战。MC12成果是在较低雄心水平基础上的微妙妥协，同时WTO深层次、结构性的矛盾远未解除（卢先堃，2022）。

2. MC12成果的影响

MC12部长级会议取得了突破性的成果，其成果对于推动多边体制的后续发展也产生了深远的影响：

首先，MC12 的成果对未来 WTO 积极参与公共卫生、粮食安全、气候变化等全球性挑战的讨论并从贸易角度做出积极贡献有深远意义。一定程度上有助于增强发展中国家的疫苗生产和供应能力，协助全球的综合性应对，对未来 WTO 积极参与这些全球性挑战的讨论并从贸易角度做出积极贡献将有深远的意义。

其次，WTO 渔业补贴谈判历时 21 年，终于在 MC12 上有所收获，有助于海洋渔业资源的保护和可持续利用。为此 WTO 将成立渔业补贴委员会等机制，也会为今后渔业补贴问题的讨论和解决方案提供长久和稳定的平台。

最后，MC12 正式启动了 WTO 改革进程。此次 MC12 正式启动 WTO 改革的进程，并承诺将"改善 WTO 所有功能"，即在规则制定、透明度和审议以及争端解决等方面寻求全面的改革，从而为 WTO 改革的谈判提供了明确授权，有助于下一步各成员就此正式展开工作。此外，有关 WTO 改革的讨论在强调程序透明和包容性的同时，不排除部分成员组成的谈判集团自发讨论并提出建议，这也是一个亮点。

MC12 的成功及其相关成果，不仅为在全球性挑战上让 WTO 做出贡献提供了可能，也向国际社会表明了多边主义生命力的强大，证明 WTO 仍可以有效进行谈判并达成成果，将有助于维系 WTO 在国际经贸治理框架中的基础性作用。

（五）MC13 的进展

2024 年 2 月 26 日至 3 月 2 日，WTO 第 13 届部长级会议（以下简称 MC13）在阿联酋阿布扎比举行。会议发布《阿布扎比部长宣言》，就投资便利化、争端解决机制改革、最不发达国家毕业平稳过渡、电子商务、监管合作、小经济体等议题取得务实成果，提振了国际社会对多边贸易体制的信心，为促进全球贸易投资自由化便利化注入强劲动力。除批准科摩罗和东帝汶加入世贸组织外，会议最终达成如下八项主要成果（含部长宣言和决定）：①《阿布扎比部长宣言》；②《关于争端解决改革的部长决定》；③关于《电子商务工作计划》的部长决定；④《关于小经济体工作计划的部长决定》；⑤《关于世贸组织有利于自最不发达国家类别毕业成员平稳过渡支持措施的部长决定》；⑥《关于〈与贸易有关的知识产权协定〉非违反之诉和情势之诉的决定》；⑦《关于加强监管合作以减少技术性贸易壁垒的部长宣言》；⑧关于《实施卫生与植物卫生措施协定》和《技术性贸易壁垒协定》的特殊和差别待遇条款精确、有效和可操作实施的宣言。MC13 期间，部分世贸组织成员在联合声明倡议等机制下的工作也取得一定共识和进展，议题涉及贸易与环境可持续性结构化讨论（TESSD）、塑料污染与环境可持续性塑料贸易对话（DPP）、化石燃料补贴改革（FFSR）、贸易与性别以及中小微企业。此外，《服务贸易国内规制参考文件》在 MC13 上宣布生效，《投资便利化协定》（IFD）在 MC13 宣布达成并发布最终文本（史晓丽和闫伟泽，2024）。

二、区域贸易协定兴起

2017 年以来，随着民粹主义、保护主义和孤立主义等逆全球化思潮的兴起，国际经济治理遭遇前所未有的阻碍。以美国为首的西方国家将国际机制看作遏制中国经济崛起，维护自身发展优势的战略工具，大国竞争的回归使得 WTO、IMF 等国际经济组织接连陷入功能失灵的困境。而发展中国家结构性问题显现，经济增速放缓，进入发展瓶颈期。世界主要经济体都在积极寻求经济增长的新动力，但是，当前国际经济格局和全球价值链尚未走出全球金融危机后的深度调整期，又因新一轮工业革命的兴起和新冠疫情的暴发而更具不确定性。WTO 多边主义因其"一国一票"的决策机制，无从适应新议题而相对落后于时代发展，二十年的多哈谈判屡屡受挫、迟迟未果。以自由贸易协定（Free Trade Agreement，FTA）为代表的大型区域谈判进入各国的视野，并成为国际经济秩序的关键载体和重要趋势。WTO 官方数据显示，截至 2023 年 5 月，累计生效的区域贸易协定（Regional Trade Agreement，RTA）数量达 356 个[①]，区域一体化催生出多个巨型自由贸易区，如 CPTPP、TTIP、RCEP 等。自由贸易区是消除壁垒、自由贸易、开放投资、开拓市场、增加就业的重要平台，也是维护本国利益、争夺经济主导权、抢占规则制定话语权的重要窗口。主要经济体、发达国家为打造和创立切合本国利益、适应自身发展的经贸规则，积极谋划主导 FTA 的规则建设，从而引发国际经贸规则的新一轮博弈。面对发达国家、主要经济体对 FTA 规则的强势主导，发展中国家、新兴经济体的诉求会在很大程度上被边缘化，甚至国内规则也会被国际规则裹挟。在亚太地区，主要出现了以 CPT-PP、RCEP 为代表的竞争性多边主义经贸合作协定，带有强烈地缘政治色彩的、背离亚太的美国印太经济合作战略以及平等互惠的"一带一路"倡议。

（一）CPTPP 与 RCEP

CPTPP 由 TPP 演变而来。2009 年，奥巴马执政期间美国政府高

---

① 资料来源：WTO 区域贸易协定数据库，http：//rtais. wto. org/UI/PublicMaintainRTA-Home. aspx。

调宣布加入新西兰、智利、新加坡和文莱的"跨太平洋战略经济伙伴关系协定"（Trans – Pacific Strategic Economic Partnership Agreement，TPSEP，又称P4），并声称要将"P4"打造为一个高标准、多领域的亚太区域一体化协定，TPP由此诞生（白洁、苏庆义，2019）。2017年初，TPP因特朗普政府的坚决反对与果断退出而成为一纸空文。但在日本的努力下，TPP最终在保留其中大部分条款的情况下，成功转化为CPTPP。2018年3月8日，11名成员国共同签署该协定。同年，CPTPP陆续在日本、澳大利亚、新西兰等六国获批，于12月30日正式生效。相较于CPTPP的曲折，RCEP的诞生和落地之路要更加顺利。2012年，东盟发起以其双边FTA网络为基础，构建区域全面经济伙伴关系协定的倡议。此后，中国、日本、澳大利亚、新西兰、韩国等东盟贸易伙伴纷纷加入谈判。2020年11月15日，第四次区域全面经济伙伴关系协定领导人会议以视频方式举行，会后东盟10国和中国、日本、韩国、澳大利亚、新西兰共15个亚太国家正式签署了RCEP。到2021年11月2日，RCEP在中国、日本、澳大利亚、新西兰、泰国等10个成员国中获批，正式生效。RCEP和CPTPP在亚太区域经济一体化进程中究竟会走向竞争还是互补，目前尚无定论。但毋庸置疑的是，这两大经贸协定必然会对亚太区域价值链的产业布局和结构调整带来深刻影响。首先，RCEP和CPTPP的成员构成有一定差异，而且成立目标也各不相同，因而可能在亚太区域价值链形成不同的发展集团。衍生自TPP的CPTPP，基本继承了TPP在亚太地区组建"去中国化"经贸合作机制的战略动机。尤其是特朗普执政后"印太合作战略"的出台，使曾经作为"印太战略"积极兜售者的日本政府，开始表现出推动CPTPP与美国"印太战略"对接的意图，其目的就是进一步遏制中国在亚太政治经济秩序中日益上升的影响力（樊莹，2018）。与 CPTPP 不同，作为全球经济体量最大、惠及人口最多的自贸协定，RCEP 从提出伊始，就以消除区域贸易壁垒、实现区域经济合作收益最大化为主要愿景，其经济目的远大于政治目的（于津平、印梅，2021）。在新冠疫情冲击和经济全球化受阻的背景下，RCEP 的战略目标更添深意，不仅有利于深化参与主体之间的经贸依存，更可以在单边主义、保护主义盛行的当今世界，有力地维护开放、包容的区域多边经贸体系。CPTPP 和 RCEP 截然不同的战略目标，使得这两大经贸协定天然地具有互斥效应。这种互斥在未来可能会使亚太价值链中形成不同的产业集群，并且两大集群拥有不同的制度准入壁垒。

其次，RCEP 和 CPTPP 同为亚太地区的大型自贸协定，在市场规模、贸易体量、投资往来等方面，具有不同程度的影响力。相较于 CPTPP，RCEP 无论是从贸易、投资还是消费市场来看，都具有更加显著的规模优势，更有助于区域内产业链、价值链和供应链的深度融合与细化发展。

最后，RCEP 和 CPTPP 条款的侧重点不同。RCEP 注重在灵活性和高标准之间寻找平衡，成员国之间的协作与让步也更多地反映在货物贸易领域；而 CPTPP 是一个全方位高标准的经贸协定，它在知识产权保护、劳动和环境规则、数字经济治理、产业政策协调等方面均设定了高标准。条款深度和广度不同，代表两个协定中成员国的开放程度和协作水平存在差距，这也就意味着双方在未来可能会孕育出两种不同的国际分工体系。

（二）共建"一带一路"倡议

经济力量的崛起成为中国采取积极有作为的对外战略、承担更多地区大国责任的核心动力。中国以塑造和平稳定、繁荣发展的周边环境为目标，并在此基础上推动亚太地区秩序向更加均衡、公平、普惠的方向发展。为此，中国于 2013 年提出共建"一带一路"倡议，欢迎各国以此为契机共享中国发展红利，实现沿线区域和国家互惠共赢，得到马来西亚、泰国、印度尼西亚、新加坡等多个亚太发展中国家的积极响应与加入。

秉持着成为负责任地区大国，与周边国家形成"命运共同体"的发展理念，中国通过参与或主导"一带一路"倡议这一国家级合作机制，鼓励其他经济体在与中国的价值链合作中，形成互利共赢的水平开放型治理模式。在该治理模式中，各参与主体之间的关系更为灵活，可根据自身意愿从事专业化生产，并在平等互惠、产业互补的基础上展开合作（吴建新、刘德学，2007）。

中国及其跨国公司多年来一直通过嵌入美日等发达经济体主导的亚太价值链，来深度参与区域国际分工。因此，当前中国所采用的价值链治理模式主要是从发达经济体创造的治理模式中内生而成。从微观层面来看，水平开放型治理模式早期发轫于海外华人在东亚地区创建的水平封闭式业务合作模式。这一合作模式原本以共同的文化、语言，便于协调沟通为界限，具有一定的封闭性。但随着中国越来越深地融入区域乃至世界经贸合作之中，该治理模式也变得愈发开放。

虽然各参与主体因在生产效率、技术水平和配套设施等方面存在差距，参与价值链分工的能力难免参差不齐，但中国并不会通过垄断关键技术或资本资源的方式，来隔绝其他参与者的产业升级路径。相反，在水平开放型治理模式下，中国更愿意通过基础设施援建、市场信息互通和技术交流共享等方式，弥合不同价值链主体之间的发展差距，真正跳脱出"西方经验"的局限，达到普惠共赢的目的（陈积敏，2018）。在亚太价值链重构进程中，中国所推崇的水平开放型治理模式，与美国等发达经济体捍卫的混合开放型治理模式存在竞争。虽然中国所采用的水平开放型价值链治理模式尚未成为亚太价值链的主流治理模式，多数亚太发展中经济体仍处于美国等发达国家的价值链控制之中，但随着中国政治经济实力的不断增强，中国所推行的治理模式也将给亚太发展中经济体提供一条突破发达经济体低端锁定的新路径。

（三）印太经济框架

"印太战略"从奥巴马执政时期开始酝酿，到特朗普执政时期正式上升为美国的国家战略。印太战略的本质，其实就是美国为应对亚太地区权力转移进程，遏制中国崛起而推出的均势制衡战略。该战略旨在统筹美国在太平洋和印度洋的盟友，强化美印关系，以此来平衡中国日益增强的地缘政治经济影响力（徐金金，2018）。拜登执政后，基本继承了特朗普时期的"印太战略"框架，并着重从细节处对该战略进行完善和补充。2021 年 9 月中国正式申请加入 CPTPP。同年 11 月，中国、日本、澳大利亚等亚太 15 国签署的 RCEP 正式生效。中国在亚太经济一体化进程中的积极参与激起了美国战略界的担忧。美国企业公共政策研究所（American Enterprise Institute for Public Policy Research，AEI）认为，目前美国在区域贸易议程上已经落后于中国和日本，在其亚洲战略上留下了一个巨大的漏洞。用查塔姆研究所的话来说，美国缺席关键的区域贸易协定，这在中国加入 CPTPP 的要求下变得很突出（Zhou Xin，2023）。

为了弥补美国在亚太区域经济合作机制中的空白，分享地区发展红利并削弱中国在亚太经济格局中的影响力，拜登执政后开始加大在

"印太"地区的战略资源投放力度。美国官员开始频繁在日、澳、印以及东南亚国家展开经济外交。更有甚者，美国政府还企图绕过中国，在"印太"建立一套美国主导下的全新的区域经贸合作机制。

印太经济框架（Indo – Pacific Economic Framework，IPEF）本质上可以理解为介于"一带一路"倡议和 RCEP、CPTPP 等亚太地区传统自贸协定之间的一种新型经济协定（苏庆义，2022）。一方面，与 RCEP、CPTPP 等亚太地区既有自贸协定相比，IPEF 不属于真正意义上的"一揽子"式自贸协议，而是强调在所谓"共同民主原则与普世价值"基础上进行数字经济、产业链、清洁能源、税收、反腐等方面的规则谈判，不涉及货物贸易、服务贸易、对外投资等方面的市场准入谈判。且 IPEF 无须在各成员国内部完成国内审批程序，只需总统签署行政令即可生效，因此其约束力也相对更弱（蒋芳菲，2022）。另一方面，与"一带一路"倡议相比，IPEF 属于美国主导的政府间多边经济协定，因此对各成员的政策行为仍具有一定的约束力。且 IPEF 只涉及四个关键领域的谈判，涵盖的合作领域范围比"一带一路"倡议更窄，框架设计上也比"一带一路"倡议更为"聚焦化""精细化"（王丽娜，2022）。

从奥巴马时期美国政府高调宣布"重返亚太"并加入 TPP，到特朗普时期美国政府单边退出 TPP，再到拜登时期美国政府另起炉灶打造 IPEF，美国对区域经济合作一直都秉持着"合则用，不合则弃"的功利态度。自 IPEF 构想出台以来，美国政府反复强调所谓"自由、开放的印太愿景和共同价值""IPEF 旨在通过制定新的数字贸易规则，强化供应链安全和韧性，加强与印太盟伴在新型科技领域的合作，维护美国经济利益"，以及"IPEF 将有利于美国扩大在印太地区的经济领导地位，并确保美国工人和企业有能力在地区竞争中胜出"

（The White House，2022），然而却一直对其他地区成员希望美国进一步开放国内市场、降低关税壁垒和准入门槛等请求置若罔闻。这充分说明美国只是希望通过 IPEF 在印太地区主导构建更有利于美国利益的国际政治经济格局，利用印太这个最有经济活力和最具经济规模的区域来服务美国的经济和政治利益，并未真正关切地区其他成员的经济社会发展需求和国内产业结构，更未考虑美国自身能为地区和平与发展做出的实际贡献。

三、区域贸易协定对多边贸易体制的影响

鉴于世贸组织多边平台面临的困境，新型贸易议题主要通过两类少边平台灵活达成。其一，在世贸组织内部，诸如服务贸易、电子商务、投资便利化、中小微企业等议题不再通过多边方式进行谈判，转而启动"联合声明倡议"（joint statement initiative），通过开放式诸边谈判形式率先展开议题磋商。诸边谈判如果能够成功，可以显著提升贸易谈判效率，但同时可能使得世贸组织的规则体系碎片化，各成员不再遵守完全一致的多边规则。其二，在世界贸易组织外部，核心贸易国通过区域贸易协议就经贸交往开展更深度融合。截至 2021 年，全球共有 350 个区域贸易协议生效。事实上，早在多哈回合谈判陷入僵局时，美国、欧盟即各自发展区域贸易协议政策，拟扩张并稳固贸易合作伙伴并率先推广符合各自诉求的贸易规则。尤其在全球价值链的推动下，当前以 CPTPP、《跨大西洋贸易与投资伙伴协定》（Transatlantic Trade and Investment Partnership，TTIP）、RCEP 等为代表的超级自贸协定更加注重边境后措施的协调与贸易规则的重构，对贸易秩序和多边贸易体制产生了更深刻的影响（Bown，2017）。

（一）现有研究的分歧

关于区域经济一体化对多边贸易体制的影响，学者对此有不同的观点。有学者认为，区域经济一体化可以扮演多边贸易体制"创造者"（building blocks）的角色，区域经济体系可以在多边贸易体系无法顺利进行时作为多边贸易体系的替代，以区域为单位推动国际贸易法律规则的进步，最终构建出多边贸易体系的新框架（Emerson，2010；Mavroidis，2011）。更多的学者认为，区域经济一体化是多边贸易体制的"破坏者"（stumbling blocks），构成了对多边贸易体制的挑战，阻碍了多边贸易体系的完善和发展（Levy，1997；Bhagwati，Panagariya，1999）。

有的学者将区域经济一体化对多边贸易体制的整体影响概括为"碎片化"（fragmentation）。多边贸易体制碎片化最重要的体现是大量贸易规则的不一致和矛盾，其主要成因是各国经济状况和交往情况的不统一和不均衡。多边贸易规则的碎片化给多边体制带来了负面影响（车路遥，2013）。后来，这一现象被国际法委员会深入研究（Report of the Study Group of the International Law Commission，2006）。①

"碎片化"一词最初应用在国际公法领域之中，原意是国际条约之间的大量重叠可能使得国际公法体系变得混乱和缺乏系统性（古祖雪，2007）。在区域经济一体化对多边贸易体制的影响方面，碎片化具体体现在相互关联的两个方面：第一，旨在规制同样贸易活动或解决相同的贸易问题的规则被同时规定在多个不同的区域贸易协定之中。早期的区域贸易协定仅规定一些有关削减商品关税的事由，所

---

① 自2002年到2006年，国际法委员会对国际法的碎片化问题开展了研究。

以内容较为统一；而现今很多区域贸易协定已涉及了服务贸易、知识产权、投资等领域，不同的协定正根据缔约国的实际情况分别向着不同的方向扩张。第二，各个区域贸易协定中的具体规则间存在矛盾和冲突。这些具体规则不仅包括原产地规则等实体性规则，也包括争端解决条款等程序性规则。

（二）多边体制碎片化的影响

当前，国际贸易秩序与格局正在经历历史性变局。自 2008 年金融危机后，一方面全球价值链促进了国际贸易市场深度融合，另一方面贸易利益分配不公平、逆全球化趋势上扬等问题昭示了贸易秩序之困境。在此背景下，国际贸易法体系正面临空前的碎片化难题：以世贸组织为核心的多边贸易秩序面临危机，多边贸易规则陈旧，多边谈判平台与争端解决机构皆陷入瘫痪；国家在世贸组织内部通过开放式诸边谈判讨论新的贸易议题，或自主通过区域贸易协议重构国际贸易规则，国际贸易法体系通过多元路径无组织性扩张。

多边贸易体制的碎片化无论对实体规则还是程序规则会产生消极影响。首先，碎片化会导致法律规则适用上的困难。当不同的规定可以适用于同一个贸易行为时，将会出现不知适用哪一个规则的混乱局面。有时，最终适用的规则并不是当事人从事该行为时所预期的，从而导致法律规则的可预见性被削弱，经济行为也会趋于无序。同时，贸易规则的碎片化阻碍多边谈判以及完善多边贸易体制的进程。当一国缔结或加入贸易协定之后，必然会根据该协定调整国内的贸易结构和法律制度及政策。如果该国长期实践这一系列协定，这些制度会成为定势，从而使这个特定区域形成难以改善的传统，这一区域将更难以在未来的多边谈判中妥协（车路遥，2013）。

然而,碎片化在构建多边贸易体制中也可能产生积极影响。第一,以"碎片"的形式,区域经济体制可以比多边贸易体制领先一步削减贸易壁垒、建立促进贸易自由的机制,并针对跨国贸易中的新问题建立新的贸易规则,从而使多边贸易体制借鉴和吸收这些新的规则和制度(Macroidis,2011)。第二,区域经济一体化这种"碎片"促进和保护了多方面、各个社会群体的利益,其对此建立的规则和制度可以帮助多边贸易体制在这一问题上的完善(Hanfner - Burton,2005)。WTO本身难以全面考察并且合理平衡诸如环境、劳工权益、人权等社会利益,因为各国在该问题上的差异巨大,然而,这些问题在区域贸易协定中大多有了更高程度的保护规定,CPTPP即是一个例证(车路遥,2013)。

第三节　亚太价值链重构的基础、 动因及对中国的影响

一、亚太价值链重构的基础

(一)区域贸易协定的发展

从起源和形成过程来看,价值链分工就是美国依靠自身在生产、资本、知识、安全和价值结构中超群的网络能力,为帮助国内资本追求生产扩张和规模市场、攫取全球财富而刻意塑造的一种生产网络组织。各国之间基于全球价值链细化而成的国际分工体系,以及由此衍生出的各种国际生产关系的总和,就是当前世界经济全球化的经济基

础（黄鹏，2021）。在经济全球化时代，生产力、军事、知识和金融是全球力量的主要表现，而美国在这些方面均处于"一超多强"的主导地位。美国凭借在跨国公司、金融霸权、高科技行业和外国直接投资等领域的巨大优势，构建其领导下的开放型全球经济，平息地缘政治竞争，并部分构建其他国家的国际贸易偏好，为本国资本主义的逐利行为服务（Stoke，2018）。

全球价值链理论的提出者加里·杰里菲在价值链治理的相关论述中曾强调，若一国在参与或主导跨国价值链时，仅关注价值链给本国带来的经济升级，而忽略了与之相对应的社会升级，那么该国在跨国价值链中的地位将因国内社会矛盾的加深而受阻（加里·杰里菲，2017）。作为价值链分工模式的建构者，美国及其跨国公司在亚太价值链中享有巨大的结构权力、知识权力、制度权力和示范权力。通过长期占据亚太价值链中心地位，美国单方面垄断了资金、技术等关键稀缺资源，很大程度上主导着亚太价值链中的贸易增加值分配和组织结构治理。除美国之外的亚太国家举全国之力发展对外贸易，嵌入亚太区域价值链，看似获得巨额国际贸易顺差，却不得不将经常账户盈余大量投用于美国国债和金融市场。在美国的主导和推动下形成亚太区域价值链，更是成为一种由美国跨国资本支配的使从属性和排他性合法化的网络。作为在亚太区域价值链上占主导优势的大国，美国会通过路径依赖和制度约束，将其他行为体锁定在低端价值链，亚太国家间的"发展鸿沟"由此撕裂至深。当前美国推行建构的国际经贸规则远没有达到适配国际经济基础、促进国际财富公平分配的效果。这种失衡的国家间生产关系不断侵蚀着美国在价值链结构中的核心地位。

2008年全球金融危机预示着美国的新自由主义扩张已经难以为

继，亚太价值链和亚太地区权力秩序迎来调整变化的历史转折点。在全球金融危机的冲击下，以美国为首的亚太发达国家开始呈现出经济发展动力枯竭，政治、社会矛盾层出不穷的衰退趋势。而以中国为首的亚太发展中国家，则在后金融危机时代依旧保持强大的经济发展韧性，成为推动世界经济走出危机阴霾的关键引擎。尤其是中国，在以价值链网络为主要分工和贸易模式的当今世界，不仅拥有"世界工厂"的效用和头衔，而且还具有一举成长为亚太乃至全球范围内消费需求中心的潜力。

在后全球金融危机时代，从产品供需、附加值含量、要素结构多个方面来看，中国在亚太价值链中的地位都有所攀升（于鹏，2022）。同时，中国在亚太价值链分工中的角色也在发生转变。过去，中国是产业转移承接者、外资引进者、外来技术学习者；而随着中国的经济转型和产业结构调整，中国正在成为亚太价值链上重要的产业转出国、对外投资国和技术输出国。正如联合国亚洲及太平洋经济社会委员会发布的报告所言，中国经济的转型升级正在投资、科技等领域给亚太地区其他经济体带来重要积极影响（杨舟和林晓佩，2018）。随着中国日益成为亚太价值链的供应中心，以及本地区其他发展中经济体价值链嵌入程度的不断加深，该地区价值链和地区权力格局中的权力转移和扩散趋势开始凸显。

2017 年以来，国际经济、政治、安全、科技等体系均在发生深刻变化，其复杂和激烈程度百年未有。一方面，新一轮科技革命与产业革命方兴未艾，新兴经济体与发展中国家以空前的速度快速崛起，世界迎来经济发展动能转换和权力秩序调整的关键窗口期。另一方面，民粹主义与逆全球化思潮在全球范围内兴起，大国战略竞争甚嚣尘上，全球治理体系几近瘫痪，亟待变革，世界进入单边主义与多边主义、开放主义与保护主义激烈博弈的动荡期。在此背景下，全球价值链延伸拓展的政治基础开始出现裂痕。2020 年新冠疫情暴发后，世界百年未有之大变局加速演进，国际政治环境的风云变幻给全球价值链带来了前所未有的重构压力。亚太价值链作为全球价值链中产值最大、长度最长的区域性价值链，首当其冲走上了复杂多变、动荡不安的重构之路。区域贸易协定的发展将为亚太价值链重构奠定如下基础：

第一，上述区域经贸合作制度将深化亚太价值链的区域协作与相互依赖，扩大其经济辐射范围。区域贸易协定实施后，区域内贸易成本和产品价格将大幅下降。更加透明和稳定的政策环境将大大刺激缔约国之间的贸易和投资流量，再一次扩大亚太区域价值链的经济辐射效应。

第二，区域贸易协定将大大降低区域内贸易成本，密切缔约国间的价值链关系，推动亚太价值链的垂直整合。2018 年，RCEP15 国总贸易的 40% 以上都来自缔约国间的贸易往来；15 国内部的中间产品和最终产品贸易分别占其全球贸易的 44% 和 28%。协议中的货物贸易条款意味着缔约国将引入关税减让并提供自由市场准入。根据 RCEP 的条款规定，该地区 90% 以上的商品将在 20 年内取消进口关税，并全面取消非关税贸易壁垒。此外，RCEP 独具特色的 "区域累积原则"，将为企业降低在区域内的投资生产成本提供制度保障，进一步为亚太区域内要素资源的流动与配置扫清障碍，促进亚太价值链的深化与延展（樊莹，2021）。而 CPTPP 更是要求缔约国 98% 以上的商品实现零关税、零补贴和零壁垒。不仅如此，RCEP 和 CPTPP 中的原产地累积规则，意味着缔约各方之间在价值链各阶段转移的货物都无须缴纳进口关税，这将为亚太区域价值链中的增加值贸易扫清障碍。

第三，区域贸易协定将扩大亚太价值链上的服务贸易开放度，提高亚太价值链的服务化水平。根据 RCEP 服务贸易条款，至少 65% 的服务业将完全对外商投资开放，并允许更多的外资持股。而 CPTPP 则是要求缔约国向彼此开放除信息安全和涉及国家利益等明确关闭的服务部门之外的其他服务部门和子部门。这种改善的准入将不仅涵盖金融、电信和专业服务等更引人注目的行业，还包括与生产和供应链相关的行业，例如分销和货运服务。

第四，晚近的区域贸易协定都加大了对数字产业和数字治理的关注，以 RCEP 为例，它不仅推行提供电子认证和电子签名以促进无纸贸易，而且建立了在线消费者保护、在线个人信息保护、网络安全和通过电子方式跨境传输信息的协议，帮助企业克服数字化道路上的障碍。

第五，区域贸易协定都在一定程度上认识到了亚太价值链对贸易和投资标准的新诉求，本区域跨国企业在各个缔约国的国内市场将享受更为公平的竞争机制。这一点在 CPTPP 中表现得较为显著，该协议对缔约国的知识产权保护、环境和劳工标准、产业政策协调、争端解决等均做出了较为完善的规定。这些规定的落地实施将为亚太跨国企业创造良好的竞争与协作环境，帮助亚太价值链释放出更多的创新活力与增长潜力。

此外，与 RCEP 追求区域一体化和经济规模效益的目标不同，CPTPP 和 IPEF 均带有强烈的地缘政治动机，是以价值观趋同和地缘政治关系为考量的"抱团取暖"俱乐部。背道而驰的战略目标决定了 RCEP、CPTPP 和未来的 IPEF，在改革亚太区域经贸合作机制和亚太价值链治理模式的路径方面截然不同。各有千秋的 RCEP 和 CPTPP

在未来一段时间内难免形成亚太价值链治理机制的"双轨竞争"模式。尤其是带有排他性色彩的 CPTPP 和 IPEF，可能会部分带动亚太地区的贸易和投资转移，在其内部形成稳态协作的技术和资本密集型价值链，进而使亚太区域价值链呈现以国家集团来划分的产业分布形态。

（二）区域内各经济体比较优势的调整

20 世纪 90 年代以来，伴随着双边投资协定和区域贸易协定数量的增加，跨国公司在亚太地区的布局不断深化，形成了日新月异的区域经济一体化格局（马涛、盛斌，2018）。然而，亚太经济一体化格局并非固定不变，随着亚太地区各个经济体之间比较优势的变化，亚太价值链重构已经具备了的基础：一是助推亚太价值链形成的比较优势格局已发生了变化。发展中国家最初是以低廉要素价格的比较优势嵌入亚太价值链，参与价值链中劳动密集型的生产环节。随着各经济体要素成本的上升，比较优势格局变化导致亚太价值链的不同生产环节出现收缩或异地迁移。例如中国劳动力成本的上升致使美国在华企业开始转向越南、印度尼西亚等劳动力成本更低的国家（Sirkin，2011）。二是亚太地区的发展中经济体技术水平普遍得以提升。随着发展中经济体参与亚太价值链程度的日益加深，在竞争效应、学习效应、技术外溢效应和倒逼效应（王玉燕、林汉川和吕臣，2014）的共同作用下，发展中经济体的生产技术得以快速提升，进而逐渐从亚太价值链低端环节转向品牌营销、研发设计等高端环节，并以此来获得更多的利益。三是贸易保护主义不断抬头。自 2008 年国际金融危机爆发以来，美国不断推行贸易保护措施，单方面与中国、韩国和日本等主要亚太价值链参与国产生贸易摩擦，重创了亚太价值链贸易。

同时，为推动制造业回流，美国加快实施了再工业化战略。这些措施均使得亚太价值链的组织结构与分工模式发生改变。四是 WTO 框架下的多边贸易体制逐渐被区域和双边贸易规则取代。在发达和发展中国家都试图重塑国际经贸规则的今天，以 TTIP、RCEP 等为代表的地区贸易协定和以中韩、中新自贸区为代表的双边贸易协定通过建立高标准的国际经贸规则，改变了亚太地区各经济体的比较优势和价值链贸易模式，进而对亚太价值链组织结构产生了深刻影响。

二、亚太价值链重构的动因

（一）科技变革的双重影响

技术变革及其跨境扩散是推进全球化发展的最强劲动力，尽管逆全球化思潮抬头，但这种动力的推动效果依然显著。相关的研究大都将逆全球化归因于全球化红利分配不均及其影响，忽视了深层次的科技因素对要素全球化配置的"双向"影响。然而，在产业成长的所有阶段中，科技创新并不是都具有推动分工深化和产业梯度转移的正向作用。在新工业革命初期，颠覆性创新活动一般都是由少数先行国家掌握，为持续获得垄断利润、抢占国际竞争制高点，无论从国家战略的宏观层面还是企业战略的微观层面，新兴领域都蕴含着抑制技术扩散的"反全球化"力量，有较强的内向化倾向，成为引发制造业回流和生产本地化的重要因素，进而在特定时期发生所谓的"技术反噬"现象（渠慎宁和杨丹辉，2020）。

通过比较不同类型行业产业链的变化同样可以发现，与中低技术强度产业相比较，高技术强度产业的产业链表现出较为明显的回流发达国家和持续增强的区域化趋势（UNCTAD，2020）。大数据、人工智能、机器人等新兴技术、先进专用设备和智能制造解决方案助推主要工业国形成强有力的国内循环，麦肯锡全球研究院的一项研究显示，全球高达50%的工作是可以被机器人替代的，到2030年将有4亿~8亿人的工作岗位会因人工智能的应用受到影响，其中，工资水平越高的国家受自动化的影响越大，技术因素在产业链重构中的作用更为突出（Mckinsey Global Institute，2017）。总体来看，全球范围内芯片、生物医药和信息技术等高技术领域的产业链复杂程度高，若出现断点、堵点，则会在上下游之间产生显著的波及效应。值得注意的是，以往工业革命都是先在少数国家和地区爆发，其影响在国与国之间的传递存在一定的时滞性，然而，随着交通运输方式和信息技术的快速发展，新一轮科技创新和工业革命有可能突破以往传统的演变进程，在全球范围内多源迸发，为后发大国崛起并主导产业链重构提供战略机遇。

（二）大国竞争与国际格局变化

中美之间持续升温的大国博弈和利益脱钩现象对亚太价值链重构产生了重大影响。美欧等发达国家在产供应链韧性选择偏好上，很大程度凸显了"去中国化"的战略意图。美欧等发达国家将应对供应链安全风险、提升韧性的着力点都落在"对抗或遏制已经形成的供应链节点国家的控制力"，其主要依据是中国在半导体、锂电池、医疗物资、矿产资源等关键供应链上，已具备广泛的影响力，且在全球三大区域生产体系中，中国对于增速更快、潜力更大的亚洲区域供应体系的领导力还在逐步提高。大国竞争的本质在于国际格局变动。全球经济的结构性失衡长期存在，进入21世纪，国际格局总体上表现出"东升西降"的发展方向，2001～2019年，亚洲GDP总量增长了2.7倍，同期美洲和欧洲GDP总量增长仅为1.1倍和1.2倍。这种变化趋势在全球价值链增加值的深层结构上，则会表现为结构性权力分散、产业链多极化增强的特点。美国为了维护在国际生产体系和全球产供应链中的主导地位，采取了一系列的应对措施。从引导制造业回流、加征关税和出口管制、限制投资活动和人员交流，到联手欧盟、日本等国家和地区建立新型半导体联盟，强推印太战略，再到针对中国日益提升的全球产供应链掌控能力，实施全方位的打压和密集封堵。中美之间大国竞争所引发的供应链"去中国化"将会强化全球产业链重构的本土化、短链化、区域化趋势，进一步增加了外部不确定性。

（三）重大风险事件的冲击

新冠疫情暴发后，重大灾害和风险事件对产供应链产生的巨大冲击引起了前所未有的关注。实际上，在面对自然灾害、地缘政治形势恶化、突发性公共卫生事件以及系统性金融危机时，通过分工深化和中间品贸易而实现紧密关联的复杂产品产业链就显得尤为脆弱，同时也更容易凸显韧性的重要性（WTO，2021）。总体来看，面对新冠疫情冲击，各国政府及时出台应对措施，再加上数字技术和网络平台这一强有力技术工具的助力，使得全球产业链表现出了较为充分的韧性和弹性。后疫情时期，经济复苏和产业链重构的走势在国家之间、行业之间、市场主体之间展现出典型的"K"形分化。另外，在全球供应链体系逐步恢复过程中，供给偏紧推动了工业原材料、大宗商品和国际物流价格上涨，进而引发新一轮通货膨胀，并向下游环节加速传导，拉大了全球产业链上下游之间生产经营绩效的差距。俄乌冲突爆发给出现缓和迹象的通胀形势带来了更大的不确定性，大大增加了亚太价值链重构的变数，严重挫伤了市场的信心和预期。重大风险事件频发凸显出对产业链重要环节进行备份的战略意义，势必进一步强化产业链的本土化、短链化趋势。

（四）全球治理体系的局限性

20 世纪 80 年代到 21 世纪初，国际分工方式和贸易政策保持着近乎同步的发展趋势。WTO 成立之后，贸易投资自由化和国际经济协调方面相继取得了一批重大成果，为加快全球化进程提供了有力的制度支撑。然而，国际金融危机爆发，保护主义和单边主义盛行，使得各国对国际贸易规则产生了新的需求。中美之间大国竞争不断暴露出现行多边机制和全球治理体系的局限性，这种局限性主要体现在框架性的组织架构协调大量复杂多变的国与国之间的利益关系时，会导致多边谈判和决策效率低下、对成员权益与义务的约束效力不对等、差别化待遇不够细化和议题倡导不力等长期难以解决的问题。面对WTO 改革进展迟缓、难以实现根本性突破的现状，为适应全球产业链重构的新要求，发达国家试图撇开现行多边体制，以新型高层级自由贸易协定替代现有国际贸易规则，而发展中国家则深陷"数字鸿沟"和新一轮开放困境，不断加深的利益分歧增加了全球治理赤字，加剧了多边体制碎片化风险，固化了产业链区域化布局的现实选择。

（五）中国因素的影响

虽然中国工业要面对大而不强、产业链相关的核心技术和关键原材料"卡脖子"等突出问题，但由于产业体系完整、国内市场和制造业产能具有双重规模优势，中国已经成为全球产供应链的重要一环，凸显出强劲的韧性，这种优势和能力在新冠疫情中得到了充分的检验。随着经济快速增长和创新能力不断增强，作为拉动世界经济增长的关键力量和重要引擎，中国对全球生产和贸易相关的增量贡献，不仅提升了自身在国际分工体系中的地位，还直接改变了国际力量对比格局。数据显示，1983 年，中国货物出口仅占全球货物出口总额的 1.2%，2020 年这一比值升至 14.7%，同期美国和日本货物出口占比分别由 11.2%、8.0% 下降到 8.1%、3.6%。发达国家市场份额的流失引发了供应链安全焦虑，为其推行供应链"去中国化"提供了口实，但真实的情况却是，中国以世界工厂的角色嵌入到全球价值链中，对发达国家同样作出了产出贡献，发达国家因中国制造获得的增量产出甚至高过新兴经济体（张同斌、王树贞和鲍曙明，2017）。在新发展格局下，中国顺应全球价值链重构的趋势，不断深化国内分工，促使中国国内价值链成为维护世界经济稳健的重要因素，日益完善的国内价值链带动了中国对世界主要经济体的增加值出口。从亚太地区看，美国在亚太区域价值链上仍占据主导地位，在亚太价值链重构过程中，中国的角色在需求和生产两端均得以显著上升（周彦霞、张志明和陈嘉铭，2021）。但随着美国实施印太战略，亚洲供应链体系有可能出现多极演进、激烈竞争的新局面。

（六）美国因素的影响

第一，从"调整供应链"到"管理供应链"，为供应链重组提供稳定预期。经历了特朗普当政时期的硬脱钩，美国开始发现供应链调整过快、过广反而容易导致政策无效，对于高度复杂的产品，供应商搬迁可能成本高昂且不切实际，持有更多库存和建设冗余产能可能会导致许多行业效率低下。因此，短期内更务实地对供应链进行精细化

"管理",为国际商业环境提供更多确定性显得尤为重要。从亚太地区供应链复杂程度看,美国优先推动的芯片、清洁能源、关键矿产等领域,具有市场进入壁垒高、地域集中度高、制造周期长等特点,搬迁成本高昂,即使撤出中国,也无法离开亚太地区。由于新供应链涉及更多国家,补给线变得更长,更需要对供应链进行管理。2023 年 5 月,IPEF 完成供应链弹性支柱谈判,设立"供应链理事会"和"供应链危机应对网络"两大机制,美国通过两大机制对亚太供应链进行管理,以此重塑供应链生态系统。同时,美国通过 IPEF 供应链支柱谈判,还可获得管理亚太地区供应链所必需的实时数据和信息沟通渠道的权利。一是可为企业提供稳定预期。通过了解亚太地区供应链中原材料和最终产品的实时位置、生产率和交付时间表,可更容易、更快地识别供应链各环节可能的中断,减轻影响并提高生产力。二是可在市场上获得竞争优势。通过对亚太地区供应链所有流程集中管理,可以削减超额成本,并更快、更高效地向消费者交付产品。

第二,从"供应链弹性"到"供应链成本竞争弹性",为供应链重组提供激励机制。此前,美国强调亚太地区"供应链弹性"范式,即供应商多元化、增加库存和制造能力,推动供应链转向更分散的网络设计,这些都将增加成本。当前美国在亚太地区新动态表明,美国要在保证供应链安全的同时降低成本,即采取"成本竞争弹性"范式。一方面,美国通过建立信息共享机制,与合作国家进行需求、销售、生产能力、库存、物流等信息共享,以便及时跟踪制造商生产材料需求,以减少供应链产能和库存冗余。另一方面,美国通过打造政府间应急机制,发挥亚太国家政府在监管和监督货运物流网络等关键节点方面的作用,进而加强由私人经营的航运公司、码头运营商、铁路、物流公司、货运代理、仓库和货主之间的连接,并快速识别供应链动态变化瓶颈，避免由于生产材料缺乏而造成的生产中断风险。上述举措有利于激励越来越多供应链相关者参与，带来更多更好的可用数据，支持协作和决策，进而加快移动速度并降低成本，推动亚太供应链向美国设计的方向发展。

第三，从"生产基地的转移"到"综合性的工业体转移"，为供应链重组提供配套支持。现代供应链越来越依赖于金融、物流和法规等服务的投入。美国在亚太布局产业链时，已不再是单纯的生产基地转移。其一，将金融、物流、法规一起打包进"供应链弹性"。美国推出金融、情报、产业和投资相结合的信产投综合体，各部分相互配合各司其职，为迁移出中国的企业备齐所有服务，让这些企业在新地盘拥有全面且独立的创业能力。2022 年 6 月，美国国际发展金融公司（US International Development Finance Corporation，DFC）通过与多边开发银行、日本国际协力银行（Japan Bank for International Cooperation，JBIC）等开发性金融机构合作，创建混合优惠融资机制，旨在克服新供应链投资的早期风险。这些机构不仅向关键部门提供优惠贷款、银团贷款等支持，同时提供投资所需情报，保护在"脆弱、冲突和暴力"的国家投资新设施的投资者，管理和减轻投资者的早期风险，以吸引更多企业迁出中国。其二，打破国外市场布局与国内政策的界限，使其融为一体。2022 年美国通过的《芯片和科学法》《通胀削减法》均设有针对中国的护栏条款，即限制补贴和税收抵免接受者在中国扩大和建立芯片产能，扶持美国及其盟伴的新能源行业。此举是为将美国国内制造业政策与亚太地区市场布局相结合，将美国核心技术管控与在亚太地区实现经济主导相结合，推动以美国为中心，辐射其盟国的综合性工业体。

第四，从"控制链主企业"到"控制超级节点"，为供应链重组转换提供抓手。此前美国主要以控制链主企业为抓手，限制中国的追赶。例如苹果作为链主企业处于供应链首端，具备强大的集成能力，对供应链有很强的话语权。美国通过对中国生产产品加税的方式，影响苹果等链主企业决策，促使其分散供应链风险。美国以控制链主企业为抓手在初期确实起到带动产能转移出中国的作用，然而中国已非加工基地，而是各类产品的最终消费市场。若外国企业将供应链转移出中国，之后将无法在用户端进行需求识别，进而无法在试错中走向量产，无法完成创新类产品所需的快速迭代。因此，更加面向用户端的企业成为供应链的超级节点，成为先进科研成果转向现实生产的关键点，进而成为美国推动亚太地区供应链重组的新抓手。

三、亚太价值链重构对中国的影响

在出口导向型发展战略下，通过参与全球价值链获得贸易利益对中国经济增长的拉动作用不言而喻。然而，要素禀赋、市场需求、跨国公司战略调整与技术创新等多重因素正深刻影响亚太价值链重构的方向与特征，亚太价值链收缩与空间布局调整加速进行，继而会对贸易利益分配产生显著影响。在亚太价值链重构中，国家间贸易利益分配的冲突已经显现。基于内外循环的相互作用，外循环中亚太价值链分工与利益分配的调整必然对中国贸易获利与 GDP 增长模式、价值链重构布局与价值链高端攀升产生深远影响。

（一）亚太价值链利益重构使中国传统贸易与价值创造模式不可持续

通过对中美贸易利益分配动态发展格局的分析发现，受到中美贸易摩擦的影响，中国在制造业领域的相对贸易获利能力大幅削弱。中国传统制造工序相对获利能力下降，管理工序获利能力持续下降，研发与营销工序相对获利能力增长缓慢，而此时新的竞争优势仍未形成。因此，中国以劳动力成本优势、通过制造工序获利的传统贸易分工模式不可持续，通过外循环获利以促进经济发展的动能不足。一方面，世界经济复苏发展的不确定性增强，贸易保护主义等因素使外需市场萎缩、增长乏力，中国以发达国家为主要市场的出口导向型发展模式难以为继。另一方面，数字技术领域竞争加剧、发达国家高端制造业回流与科技脱钩战略，使全球贸易竞争进入新阶段，全球价值链低端获利、高端受制的分工与获利模式对中国实现对外贸易高质量发展的目标形成制约。

随着外循环对中国 GDP 的拉动模式已初步呈现出由规模扩张向贸易利益分配竞争力提升的转化之势和国内消费与内循环对中国 GDP 增长的推动能力逐步增强，如何促成具有持续竞争优势的贸易获利格局，形成内外循环协同共促经济增长，是应对亚太价值链重构下贸易利益分配冲突的关键。

（二）跨国公司战略调整增加了中国参与亚太价值链重构的难度

疫情对物流的冲击、地缘政治冲突的影响导致部分跨国公司对亚太生产链和供应链进行布局调整，如关注供应链安全，缩短全球供应链条，甚至将生产制造和供应链转移到本土或周边国家，供应链的扁平化、区域化与多元化成为跨国公司的战略选择。虽然中国超大市场的吸引力与价值链重组的高昂成本使跨国公司短期内从中国大规模迁出的可能性较小，但一旦形成跨国公司高端制造工序母国回流、低端工序向更具工资优势的发展中国家迁移的趋势，将对嵌入发达国家跨国公司全球价值链体系之中的中国企业形成严峻挑战。跨国公司供应链调整战略会改变中国在亚太价值链中与各国的价值链关联，进而影响中国在亚太价值链重构中的获利能力与经济高质量发展水平。国家间价值链关联表现为各国基于价值链的生产与消费之间的联系，体现了各国间增加值流入、吸收、创造、流出的内外循环过程。

（三）数字技术竞争加剧使中国向价值链高端攀升面临更严峻挑战

数字技术创新发展推动产业革命和全球化转型，迅速改变着生产要素的全球配置，国别比较优势加快更迭，对于亚太价值链中的发展中国家而言，传统的比较优势正在减弱，新的比较优势尚未形成，数字技术竞争对其摆脱价值链的低端锁定提出了更严峻的挑战。数字技术对亚太价值链的重构对贸易利益分配格局的改变，不仅体现为各国间利益分配的动态调整，货物和服务贸易间、行业内不同工序间的利益分配格局也处于变动之中。

一方面，全球货物贸易强度于 2008 年达到峰值后开始逐步收缩，全球货物贸易强度与总贸易强度之间的差距拉大，货物贸易对国际贸易增长和全球价值链扩张的贡献度逊于服务贸易。在全球价值链体系中，服务作为所有经济部门的重要投入要素，服务增值约占国际商品和服务贸易总价值的一半（WTO，2019）。服务贸易竞争力的增强更容易提升一国在亚太价值链中的获利水平。另一方面，数字技术的崛起与应用使诸多制造和服务环节由劳动密集型转变为技术和资金密集型。亚太价值链的知识密集度不断提高，价值创造正在向高端环节转移，具备熟练劳动力、服务能力、创新生态系统、消费市场利润丰厚的国家，尤其是高技能劳动者和服务行业的劳动者将获利更多。邻近大型消费市场或者具备贸易型服务专长的发展中国家也将从中获益（Mckinsy Global Institute，2019）。

伴随数字技术竞争的加剧，服务贸易和服务型工序的获利能力与竞争优势的重要性不断凸显。现阶段中国在服务业与服务型工序方面的竞争力仍较薄弱，叠加美国及其盟友对中国高技术出口的管制与封锁，数字技术竞争对价值链利益分配的影响会对中国摆脱低端锁定的不利地位提出更严峻的挑战。数字技术带来的全球价值链价值创造分布的变动要求中国加快实现高水平科技自立自强，深度挖掘国内市场消费潜力，培养高级要素，提高服务业和高端服务型工序获利能力，维护中国在全球价值链贸易利益再分配中的利益。

第二章

亚太区域生产体系的变革和分工模式

自 20 世纪 60~70 年代亚太区域经济合作的构想提出以来，经过多年的发展，亚太地区已成为世界上最具经济活力的区域。亚太区域经济不仅在全球生产分工中扮演着重要角色，也一直带动区域内商品、资本、劳动力以及其他要素的快速流动，成为区域乃至全球经济发展的重要助推器（张蕴岭和潘雨晨，2022）。亚太区域经济的发展离不开东亚经济的崛起以及东亚与北美的经济链接，与北美地区"一家独大"的特点不同，东亚经济结构则总体呈现出地区贸易失衡、结构复杂（张红力和刘德伟，2010），各国发展差异较大、产业结构变化迅速（周小兵，2012），经济影响力此消彼长的特点，这令东亚的经济结构一直处于动态演化中。尤其是随着近年来贸易保护主义抬头、新冠疫情暴发、各国经济发展战略由全球逐步转向区域，亚太区域内外的市场与生产分工格局再次出现巨大变动，区域产业链的稳定性受到较大冲击。

本章以参与国际贸易的活跃度为衡量标准，选取了亚太区域内参与贸易的活跃度较高的印度尼西亚、马来西亚、菲律宾、泰国、新加坡、文莱、柬埔寨、老挝、越南、中国、日本、韩国、澳大利亚，以及对亚太区域贸易活动施加重要影响的美国、墨西哥、俄罗斯和印度作为研究对象，通过对其在亚太区域价值链中的分工地位和区域价值链参与方式的测算，依托显性比较优势指数，对各区域经济体的产业竞争优势进行评估，以期对亚太区域生产体系的变革和分工模式有一个动态的把握。

第一节　亚太区域价值链现状研究

一、亚太区域价值链地位指数分析

参考库普曼（Koopman，2014）的全球价值链理论，基于同样的数据来源，构建 i 国 j 行业的亚太价值链地位指数计算公式，如下：

$$y2RVCS_{ijt} = \ln\left(1 + \frac{IV_{ijt}^h}{E_{ijt}^h}\right) - \ln\left(1 + \frac{FV_{ijt}^h}{E_{ijt}^h}\right) \qquad (2.1)$$

式中，IV_{ijt} 指 t 年 i 国 j 行业在全球范围内的间接增加值出口，FV_{ijt} 为 t 年 i 国 j 行业出口中所含来自全球的国外增加值，E_{ijt} 为 t 年 i 国 j 行业对全球的总出口，式（2.1）表明一国某产业在亚太价值链中的地位取决于其间接增加值出口占总出口的比重与国外增加值占总出口比重的大小关系，当前者大于后者，说明 t 年 i 国 j 行业处于亚太区域价值链上游，主要负责提供原料和重要零部件等中间品，在亚太区域价值链中地位较高（张继彤和张静雨，2022）。反之，则说明 t 年 i 国 j 行业处于亚太区域价值链中下游环节，需要进口大量原材料或中间品来生产最终消费品，主要从事的是低附加值的组装环节，在亚太区域价值链中地位较低。

测算结果如表 2.1 所示，从中可以发现，样本期间资源密集型产业中大部分国家的亚太价值链地位指数呈上升趋势，仅有印、俄、韩 3 个国家的指数出现下降，分别从 0.15、0.15、0.01 下降至 0.12、0.11、-0.02，但印度、俄罗斯都拥有较丰富的矿产资源，即便是价值链地位指数有所下降也可凭借自然资源禀赋优势处于上游地位；而韩国自然资源匮乏，尤其是新冠疫情导致国际物流运输受阻，使其获取生产原料的价值链环节断裂，因此短期内打击了韩国价值链地位的上升。

制造业中亚太价值链地位处于下降趋势的国家主要有澳大利亚、韩国、墨西哥。2017 年前澳大利亚制造业处亚太链上游地位，之后制造业逐渐萎缩，到 2020 年制造业价值链地位下降至 -0.02，这可能是由于其本身制造业技术含量较低，产值占比大的主要是食品饮料（含烟草）等低技术门类，处于价值链下游生产环节，加之受外在因素冲击较大，价值链地位下降（驻澳大利亚大使馆经济商务处，2020）。韩国、墨西哥自 2008 年金融危机爆发以来价值链地位一直波动下降，前者主要受限于生产资源，后者主要受限于技术水平。加拿大、日本、美国、新加坡在新冠疫情影响下仍能保持价值链地位上升，其中美国、日本、新加坡前期价值链地位较低，虽然美国资源丰富，但生产所需的资源和日本、新加坡一样主要依靠进口，因此价值链地位反而低于俄罗斯等一些资源丰富的发展中国家（李坤望，2021），但这三个国家的制造业技术含量都较高，由此弥补了依赖资源进口的缺陷，进而促进价值链地位提升，并且疫情引致的经济政策不确定性提升更可能打破企业对进口中间品的过度依赖（胡沅洪等，2021），倒逼企业研发创新，提升生产效率，从而促进出口技术的进一步提高并推动价值链地位的提升。其中新加坡反应尤为强烈,这可能要归因于其"全球经济金丝雀"的特质。加拿大在价值链中的地位虽呈上升趋势但一直处于价值链下游地位,可能是由于其制造业近年来面临研发和技术升级困境。2008～2017年期间国内外一系列政治经济变动使俄罗斯、中国和印度的经济政策不确定性波动上升,而这一期间三国的价值链地位均表现出上升趋势,一定程度上反映出经济政策不确定性会促进制造业价值链地位的提升,同时也说明近年来新兴经济体发展迅速。其中,俄罗斯得以基本稳定在价值链上游阶段主要是受益于拥有丰富的木材、铁矿等自然资源,中国和印度前期主要依靠人口红利发展低技术制造业,也因此一度被锁定在低附加值生产环节(地位指数在 -0.04～-0.01 之间),处于价值链中下游端,虽然中印两国也意识到价值链地位攀升的重要性,但2020年受新冠疫情冲击较大,重要中间品供应链断裂,短期内价值链地位又出现下降。

表2.1 亚太价值链三大产业地位变动情况

资源密集型	澳大利亚	加拿大	中国	印度	日本	韩国	墨西哥	俄罗斯	美国	新加坡
2008	0.01	-0.02	0.05	0.15	-0.01	0.01	0.01	0.15	0.03	-0.11
2011	0.10	-0.01	0.01	0.14	-0.06	-0.02	0.01	0.11	0.05	-0.06
2014	0.09	0.01	0.03	0.13	-0.10	-0.01	0.02	0.07	0.04	-0.06
2017	0.07	-0.01	0.03	0.12	-0.08	-0.02	-0.02	0.06	0.05	-0.06
2020	0.10	0.04	0.07	0.12	0.01	0.04	0.04	0.11	0.08	-0.07
制造业	澳大利亚	加拿大	中国	印度	日本	韩国	墨西哥	俄罗斯	美国	新加坡
2008	0.01	-0.12	-0.04	-0.02	0.02	-0.11	-0.09	0.04	-0.03	-0.32
2011	0.02	-0.13	-0.03	-0.01	0.03	-0.15	-0.12	0.04	-0.02	-0.29

续表

制造业	澳大利亚	加拿大	中国	印度	日本	韩国	墨西哥	俄罗斯	美国	新加坡
2014	0.01	−0.13	0.00	−0.01	−0.02	−0.12	−0.10	0.02	−0.02	−0.25
2017	−0.01	−0.14	0.01	0.03	−0.01	−0.11	−0.16	0.01	−0.01	−0.25
2020	−0.02	−0.12	−0.01	−0.06	0.01	−0.12	−0.13	−0.02	0.01	0.01

服务业	澳大利亚	加拿大	中国	印度	日本	韩国	墨西哥	俄罗斯	美国	新加坡
2008	0.09	0.00	0.10	0.15	0.13	0.08	0.05	0.15	0.10	−0.10
2011	0.08	0.00	0.13	0.18	0.14	0.04	−0.01	0.15	0.10	−0.10
2014	0.07	0.00	0.17	0.22	0.15	0.06	0.02	0.16	0.11	−0.11
2017	0.07	−0.01	0.16	0.22	0.16	0.07	−0.01	0.16	0.12	−0.11
2020	0.13	0.03	0.11	0.09	0.11	0.03	0.03	0.10	0.11	−0.13

资料来源：笔者根据 ADB – MRIO 数据库，按式（2.1）测算所得。

服务业中在亚太价值链中地位自 2008 年以后稳定上升并在 2020 年下降的国家有中国、印度、日本、俄罗斯，在 2020 年以前，俄罗斯、印度等部分发展中国家价值链地位指数甚至一度超过日本、新加坡等发达经济体，这与乔小勇等（2017）的研究结果相似，说明这些发展中国家向境外出售服务中间品较多而购入跨境服务中间品较少，2020 年疫情影响中断了中间品的供应，使得中、印、日、俄缺少下游国家对服务中间品的需求，进而导致价值链地位下降。相反的是，加拿大（驻加拿大经商参处，2018）、墨西哥、澳大利亚在亚太价值链中的地位均在 2020 年有所上升，这三个国家的一大共同点在于服务业是其核心产业，服务业产值占国内生产总值的比重均达到 60% 以上，主要以出口中间品的形式参与到亚太价值链中，因此在疫情导致经济政策不确定性上升的同时能保持在亚太价值链中地位处于上游位置。墨西哥作为发展中国家，受经济政策不确定性影响波动较大，相比之下，加拿大作为发达国家，其服务业在政策冲击下则更有韧性，下降幅度较小，2020年以前在经济政策不断变化的情况下其在亚太价值链中的地位较为稳定，而澳大利亚服务业在产业结构调整后一直发展迅猛并稳定在亚太价值链的上游地位。2008～2020年，新加坡服务业在亚太价值链中的地位整体出现下降趋势且稳定在下游端，说明其出口中国内增加值占比小于国外增加值占比，容易对亚太其他国家的服务中间品供给产生依赖，也正是如此，疫情暴发导致其服务中间品供应链中断，进而使得其服务业在亚太价值链中地位明显下降。

综合上述结果可以发现，对于制造业行业来说，经济政策不确定性提升更可能打破企业对进口中间品的过度依赖，倒逼企业研发创新、提升生产效率（顾夏铭等，2018），从而促进出口技术的进一步提高并推动其在价值链中地位的提升；同时，为抓住经济政策变动的机遇，各国积极推动产业结构升级从而促使服务业在价值链中地位上升；资源密集型行业由于掌握自然资源这一关键要素而对下游企业的生产更具有制约性，在经济政策缺乏稳定性的情况下其在价值链中地位上升较为明显。

二、区域经济体价值链参与方式测算

（一）自然资源禀赋分析

1. 亚太区域内部

中国的土地资源和水资源绝对数量大，但可利用的耕地、林地资源不足，淡水资源分布不均匀，土地资源的开发和利用效率也存在较大的地区差异，这为第一产业的持续性发展和水、电、气供应提出了一定的挑战。与此同时，中国的矿产资源丰富，钨、锑、稀土等资源探明储量居世界首位，煤、铁等资源储量均居世界前列，采石、采矿业的前向参与度较高，这也为纺织业、木材制品业、制纸印刷出版业、化学品等制造业提供了相对稳定的原材料供应，有利于提高中国制造业的前向参与度（自然资源部，2023）。

日本的矿产资源贫乏，除天然气、煤炭、硫磺等少数矿物，其他矿产资源均需进口，工业制造业的发展不具备先天优势。但是日本的森林资源和海洋资源相对丰富，对耕地的利用效率较高，奠定了农、林、渔业的发展基础，农产品和海产品的出口量巨大，在资源密集型产业具有较高的前向参与度（郑国栋、陈其慎和张艳飞等，2022）。

韩国的各类自然资源相对匮乏，进口依赖严重，资源密集型产业发展受到限制。制造业的发展需要煤炭、铁矿石、铜、锌等金属矿产，但由于韩国的矿产资源不足，需要从其他国家或地区进口相关产品或中间品，从而负向影响了韩国制造业的前向参与度（申玉环和吴三叶，2023）。

澳大利亚拥有丰富的矿产资源，如铁矿石、煤炭、黄金等，因此矿业、能源开采等资源密集型产业在该国占据重要地位，也是全球主要提供煤炭、铁矿石、天然气、金属矿产的国家，在自然禀赋方面具备发展制造业的优势条件，但其制造业规模小、相对不发达。与此同时，澳大利亚具备广阔的耕地、林地和海域以及适宜的气候条件，农、林、渔业发展条件良好，除森林资源受到政策保护的限制，农产品和海产品的产品和中间品均有大量出口，在资源密集型产业中具有较高的前向参与度（驻澳大利亚大使馆经济商务处，2020）。

在东南亚九国印度尼西亚、马来西亚、菲律宾、泰国、新加坡、文莱、柬埔寨、老挝和越南中，新加坡自然资源属于进口依赖型，文莱和老挝则具有矿产资源相对丰富、其他资源相对稀缺的特征，而余下的国家印度尼西亚、马来西亚、菲律宾、泰国、柬埔寨和越南则具备丰富的、多元化的自然资源，其中，相较于农业资源，矿产资源对各个国家在资源密集型产业的价值链中的前向参与度影响更大（王勤，2022）。

2. 对亚太区域贸易活动施加重要影响的国家

美国和墨西哥均拥有丰富的农业、林业、渔业资源以及石油、天然气、铁矿石和铜等矿产资源，可以生产玉米、大豆、小麦等农产品以及木材资源，淡水资源和海水渔业发展也具备先天优势。但由于美国的制造业发展需要消耗大量的自然资源，以及自身产业结构的调整，美国的农产品、石油和石油制品等多种资源密集型产品或中间品均大量进口自墨西哥，因此，尽管美国具有多元化的自然资源，但是在资源密集型产业的价值链中的前向参与度并不高，而墨西哥则具有很高的前向参与度（民生证券，2024）。

印度的矿产资源比较丰富，以煤炭、铁矿石、铝土矿、铬矿、钢铁、锌为主，有利于制造业的发展。在农林渔牧业方面，印度的情况相对复杂。印度还拥有广阔的耕地和丰富的水资源，是世界上农业人口最多的国家之一，主要农产品包括稻米、小麦、棉花、油籽、茶叶等，林业资源也相对丰富，但受到森林砍伐和土地开发的影响较大，此外，还拥有一定规模的渔业资源，但由于过度捕捞和环境污染等问题，渔业资源面临一定压力（信达证券，2022）。

俄罗斯是世界上矿产资源最丰富的国家，为全球提供石油、天然气、煤炭、铁矿石、铝、镍、铜等矿产资源，对资源密集型产业和制造业的价值链前向参与度起到正向作用。尽管俄罗斯拥有绝对面积巨大的耕地和丰富的森林资源，然而由于气候寒冷和土地利用率较低，农业生产规模相对较小，农产品供应不足，农业发展受到限制，在一定程度上拉低了其资源密集型产业的前向参与度（法国国际关系研究所，2023）。

（二）人力资源禀赋分析

1. 亚太区域内部

中国的人口规模庞大，提供了大量的劳动力资源，支撑了过去几十年中国制造业和服务业的快速发展。随着高等教育和技术教育的普及率的不断提高，教育水平持续提升，过去低廉的劳动力成本优势逐渐转换为人才优势，为中国的技术创新提供了发展基础。但是中国的人力资源分布在各个地区，人口素质、技能水平和就业结构存在差异，东部发达地区具备更高素质的劳动力，而欠发达地区则面临就业困难和技能匮乏的挑战。与此同时，中国的人口结构开始发生变化，老龄化程度加深，人口红利逐渐消失或转化为其他形式（国家统计局，2021）。

日本和韩国均具备较为完善和成熟的教育体系，知名学府数量多、职业教育水平高，总体教育水平在世界上保持领先地位，拥有高素质的人才储备。服务业的发展进一步推动制造业的升级，高技能工人和工程师在推动技术进步和产品质量提升方面发挥着重要作用，在汽车制造、电子产品、机械制造等领域处于世界领先地位。但是日本面临严重的人口老龄化问题，劳动力市场供给不足，劳动力成本高，这对其产业结构、劳动力市场以及社会保障体系都提出了严峻的挑战。而韩国的劳动力市场相对灵活，劳动力能够适应不同行业和岗位的需求，对于经济发展和产业结构调整提供了支持，但是韩国仍然存在着低生育率和劳动力低薪问题。

澳大利亚拥有优质的教育资源，拥有一流的科研机构和高等院校，如澳大利亚国立大学、墨尔本大学等，在科研领域取得了许多重要成果。多样化的劳动力市场和活跃的移民政策，为其经济发展提供了强大的人力资源支持。然而，澳大利亚也需要应对人口老龄化、技术人才短缺等问题，应不断完善劳动力市场政策和培训体系，充分利用多样化的人口结构带来的多元文化和多语种环境以保持竞争力（ILO，2023）。

印度尼西亚、越南的人口规模庞大，劳动力资源丰富，低廉的劳动力成本优势显著。文莱、马来西亚、泰国、新加坡的教育水平相对较高、技能劳动力充足，但人口规模相对较小。菲律宾的劳动人口具有英语技能优势，兼具劳动力成本优势，菲律宾凭借多语言环境成为海外劳动力输出大国，同时充分发展了商业流程外包业务（BPO）等服务业。柬埔寨、老挝的劳动力成本很低，劳动力市场潜力巨大，但受制于较低的基础设施建设和教育水平，劳动力市场的开发度不足（光源资本，2022）。

2. 对亚太区域贸易活动施加重要影响的国家

美国属于移民国家，拥有来自世界各地的不同背景、文化和技能的多样化劳动力资源。世界一流的高等教育体系，吸引了大量国内外学生前来深造，为美国的创新和技术发展提供了源源不断的人才支持。美国在科技、工程、医学等领域拥有先进的技术和专业人才，为科技创新和高新技术产业发展提供了重要基础。

墨西哥的劳动力成本相对较低，吸引了大量国际企业在墨西哥设立生产基地，尤其在制造业和出口加工领域。与此同时，墨西哥是世界上最大的海外劳工输出国之一，墨西哥政府通过加强对劳动力的技术培训和职业教育，提高了劳动力素质和竞争力，持续向美国、加拿大等发达国家的农业、各类制造业和服务业输送大量劳动力。

印度的人口数量仅次于中国，拥有庞大的劳动力资源，社会人口的年龄结构偏年轻化。在信息技术、软件开发、工程等领域，印度拥有一流的技术人才和专业人才，是全球科技服务和软件外包的重要基地。印度还具有多语种环境，劳动力能够进行英语沟通，为印度在国际商务等领域提供了优势（ILO，2023）。

俄罗斯的人口较为稀少，教育水平相对较高，拥有一流的大学和科研机构，尽管在科技、航空、能源等领域储备了一定数量的高素质技术人才，也为俄罗斯核能、航天、军工等高科技领域奠定了人才基础。但是，俄罗斯也面临着人口老龄化问题，劳动力市场供给不足，地缘政治局势紧张使人口问题进一步恶化（华经产业研究院，2022）。

（三）资本和技术水平分析

1. 亚太区域内部

中国是全球最大的发展中国家，拥有庞大的国内市场和巨额外汇储备，国有企业和私营企业在资本积累方面取得了显著进展，资本投资能力不断增强。此外，中国政府实施的大规模基础设施建设、产业升级和技术创新政策，也推动了资本积累和投资扩张。在技术水平方面，中国在信息技术、人工智能、新能源、高铁等领域取得了一系列重大突破，政府大力支持科技创新和技术进步，加强了研发投入和科技人才培养，推动了技术水平的提升（中华人民共和国科学技术部，2022）。然而，与发达国家相比，中国在某些关键技术领域仍存在差距，需要进一步加强自主创新能力。

日本是世界上经济发达的国家之一,拥有发达的金融体系和大量的资本积累。日本的跨国公司在全球范围内有着广泛的投资布局,特别是在汽车、电子、机械等高科技领域。日本政府和企业对技术创新和产业升级的投入持续增加,为资本积累提供了支持。在技术方面,日本在汽车制造、电子产品、机械制造、高铁等领域拥有先进的技术和丰富的经验,在技术研发、产品质量和市场竞争力方面享有良好的声誉,日本政府也在促进科技创新和技术转移方面发挥了积极作用(东兴证券,2021)。

韩国是一个发展中等的经济体,在金融体系和资本市场方面相对成熟,政府和大型企业在资本投资和金融服务方面具备实力(吴敏文,2014),尤其是在出口导向型制造业和技术创新领域投入了巨额资金,促进了技术水平的提升和产业升级。韩国在半导体、通信、航空航天、汽车等高科技领域具有较强的竞争力。在资源密集型产业中,韩国的自然资源相对匮乏,但在矿石加工、化工等领域具有一定竞争力,主要依靠资本和技术的支持。

澳大利亚拥有发达的金融体系和资本市场,包括股票市场、债券市场和银行业,成熟的资本市场吸引了大量国内外投资,外国企业在澳大利亚的采矿、能源、金融、房地产等领域投资巨额资金,促进了澳大利亚的经济发展和资本积累。同时,澳大利亚的技术应用水平领先,将先进的技术大规模应用于采矿、能源等传统产业领域以提高生产效率,政府和企业重视科研创新,在科研项目和教育事业投入大量建设资金。澳大利亚未来也将继续在人工智能、生物技术、可再生能源等新兴技术领域进行积极探索和发展(澳大利亚工业、创新与科学部,2018)。

作为国际金融中心之一,新加坡不仅拥有发达的金融体系和资本市场，同时在高科技领域也具有世界领先地位。马来西亚和泰国的资本市场发展较为成熟，但在创新和高科技领域仍有提升空间。印度尼西亚和菲律宾的资本市场和技术水平相对较低，但它们具有吸引外国投资和推动经济发展的潜力，政府正积极推动经济结构调整和技术创新。柬埔寨、老挝和越南的资本市场和技术水平相对较落后，但政府和国际社会对它们的发展提供了支持，也存在着一定的发展空间（王勤，2022）。

2. 对亚太区域贸易活动施加重要影响的国家

美国在资本和技术水平方面均居于世界领先地位，作为世界上最大的经济体之一，拥有发达的金融体系和资本市场，吸引了世界各国和美国本土资金流入。美国政府和企业在科技、医疗、能源等领域投入巨额资金，推动了资本积累和创新投资，以数量众多的世界一流科研机构、院所和企业作为支撑，美国在技术领域具有世界领先地位，尤其在信息技术、生物技术、航空航天、医疗科技等高科技领域具备显著优势，对美国本土及全球的科技创新和产业发展产生了重要影响。

墨西哥的金融体系不够健全，大部分资本投资集中在制造业、采矿业和服务业等领域，外国直接投资对墨西哥经济发展起到了重要作用。墨西哥的技术水平相对较低，主要以汽车制造、电子产品组装等劳动密集型产业为主导，尽管政府在技术创新和科技发展方面有所努力，但与发达国家相比，技术水平仍有差距。

印度拥有相对完善的金融体系和资本市场，印度政府和企业在制造业、信息技术、医疗保健等领域吸引了大量投资，来源于新加坡、美国等国的外国直接投资对印度经济起到了重要作用。印度政府在技术创新和科研发展方面投入大量资金，因此印度在技术领域具有一定优势，集中在信息技术、软件开发、医药制造等相关产业。

俄罗斯的资本市场相对较为薄弱，大部分资本投资集中在能源、采矿等传统产业领域，外国直接投资水平相对较低。尽管俄罗斯在航空航天、核能、军工等高科技领域拥有一定优势，但在信息技术、医疗保健等其他领域存在一定的技术缺口。在资源密集型产业方面，尽管俄罗斯具备矿产资源禀赋优势，但由于资源分布广泛，开发难度大，加上采矿业的技术水平相对滞后和资源利用效率低下，导致矿产资源的经济效益未被充分开发，渔业资源也由于管理不善和资源过度开发等问题导致其产量较低。

第二节　区域经济体产业竞争优势评估

随着全球经济一体化的深入发展，产业国际竞争力已成为一个国家经济发展的重要指标。显示性比较优势指数（RCA 指数）是衡量一国产品或产业在国际市场竞争力最具说服力的指标。它旨在定量地描述一个国家内各个产业（产品组）相对出口的表现。通过显示性比较优势指数可以判定一国的哪些产业更具出口竞争力，从而揭示一国在国际贸易中的比较优势。本小节将同时结合基于总出口口径的 RCA 指数和基于贸易增加值口径的 RCA 指数，对资源密集型产业、制造业和服务业这些亚太经济体不同产业的竞争优势进行评估。

一、资源密集型产业

（一）基于总出口口径的 RCA 指数的分析

学术界常用的显性优势比较指数是一个国家某种出口商品占其出

口总值的比重与世界该类商品占世界出口总值的比重二者之间的比率。其公式如下：

$$RCA = \frac{X_i / X_t}{W_i / W_t}$$

式中，X_i 表示一国第 i 种商品的出口值；X_t 表示一国商品出口总值；W_i 表示世界第 i 种商品的出口值；W_t 表示世界商品出口总值。

RCA 即显示性比较优势指数，可以揭示一国哪些产业更具出口竞争力，从而反映其在国际贸易中的比较优势，即一国某个产业或产品的国际竞争力强弱。当 RCA 指数大于 1，表示该国某产业或产品在国际经济中具有显示性比较优势，数值越大，显示性比较优势越明显。如果 RCA 指数大于 2.5，则该国该产业或产品具有很强的竞争优势；如果 RCA 指数在 1.25 和 2.5 之间，则具有较强竞争优势；如果 RCA 指数在 0.8 和 1.25 之间，则具有较为平均的竞争优势；如果 RCA 指数小于 0.8，则不具有竞争优势。相反，如果 RCA 指数小于 1，则表示该国某产业或产品具有比较劣势，且数值越接近 0，比较劣势越明显。此外，也可以通过显性比较优势的动态变化情况，来考察某一地区或某一行业显性比较优势的调整与变迁。如果一个时段内的 RCA 指数与前一时段 RCA 指数之比大于 1，表明该地区在该类商品上的显性比较优势在提升；反之，则表明其比较优势在弱化。也可以在不同行业之间进行横向比较，如果同一时期某一产业比较优势的动态变化大于另一产业，则表明这一产业的优势增长速度快于另一产业，这一产业可能迅速成长为新的优势产业。

表 2.2 给出了资源密集型产业基于总出口口径测算的显性比较优势指数 RCA。从横向来看，墨西哥、印度尼西亚、文莱、越南资源密集型产业的 RCA 值较高。其中，墨西哥资源密集型产业的 RCA 保持

在 1.25 以上，国际竞争力最强。2018 年以前，印度尼西亚的 RCA 指数也在 1.25 以上，然而 2018 年之后略有下降。越南和文莱后来居上，其中，越南的第一产业比较发达，农业是越南的主导产业，依赖稻谷生产，并且越南的煤炭、原油、天然气资源也相对丰富，但是 2014 年后越南的采矿业持续低迷，这与越南的产业结构转型有关；文莱是一个自然资源富裕的小型国家，其经济主要依赖于石油和天然气等资源出口。相比之下，新加坡、菲律宾、印度、美国的 RCA 指数偏低。这说明在全球竞争格局中，墨西哥、印度尼西亚、文莱、越南的资源密集型产业竞争优势显著。

表 2.2   2008 ~ 2021 年各国资源密集型产业 RCA

年份	澳大利亚	文莱	柬埔寨	印度	印度尼西亚	日本	韩国	老挝
2008	1.05	1.24	0.91	0.72	1.25	1.02	1.17	0.95
2009	1.05	1.24	0.86	0.81	1.29	1.05	1.26	0.98
2010	1.09	1.27	0.79	0.76	1.26	1.06	1.23	1.04
2011	1.09	1.31	0.89	0.78	1.24	1.05	1.23	1.07
2012	1.03	1.31	0.85	0.86	1.25	1.03	1.22	1.06
2013	1.05	1.31	0.86	0.95	1.28	1.11	1.22	1.02
2014	1.01	1.27	0.92	0.95	1.30	1.13	1.19	1.12
2015	0.99	1.28	0.94	0.97	1.32	1.15	1.20	1.13
2016	1.06	1.29	0.96	0.99	1.34	1.18	1.23	1.19
2017	1.07	1.29	0.96	0.97	1.34	1.17	1.24	1.22
2018	1.10	1.28	0.94	0.95	1.21	1.12	1.20	1.18
2019	1.08	1.30	0.93	0.82	1.21	1.11	1.21	1.17
2020	1.08	1.34	1.02	0.81	1.21	1.15	1.20	1.21
2021	1.07	1.30	1.09	0.82	1.21	1.11	1.19	1.19
均值	1.06	1.29	0.92	0.87	1.27	1.10	1.21	1.11

续表

年份	马来西亚	墨西哥	菲律宾	中国	俄罗斯	新加坡	泰国	美国	越南
2008	1.03	1.26	1.02	1.12	0.78	0.72	1.15	0.84	1.19
2009	1.03	1.32	0.90	1.13	0.86	0.74	1.19	0.84	1.19
2010	1.00	1.30	0.88	1.14	0.86	0.71	1.05	0.85	1.19
2011	0.98	1.29	0.85	1.11	0.86	0.64	0.99	0.85	1.22
2012	0.97	1.30	0.86	1.11	0.90	0.71	0.98	0.85	1.25
2013	0.98	1.29	0.81	1.14	0.92	0.67	0.95	0.85	1.27
2014	0.98	1.30	0.82	1.15	0.96	0.65	0.94	0.85	1.29
2015	0.98	1.31	0.80	1.15	0.98	0.62	0.95	0.83	1.30
2016	0.99	1.34	0.79	1.18	0.95	0.58	0.92	0.84	1.33
2017	0.99	1.33	0.79	1.16	1.00	0.60	0.93	0.83	1.33
2018	0.96	1.30	0.77	1.14	1.21	0.63	0.98	0.91	1.31
2019	0.96	1.33	0.75	1.21	1.23	0.54	0.94	0.86	1.34
2020	1.02	1.33	0.79	1.21	1.21	0.54	1.15	0.77	1.34
2021	1.04	1.31	0.81	1.20	1.22	0.55	1.04	0.80	1.31
均值	0.99	1.31	0.83	1.15	1.00	0.64	1.01	0.84	1.28

资料来源：ADB2022。

从纵向观察，俄罗斯、日本、越南、老挝、柬埔寨资源密集型产业的 RCA 在提升；而印度、新加坡则呈现下降态势。中国的 RCA 指数在过去几年中有所上升。在资源密集型产业的 RCA 上升的国家中，发达国家如日本，主要依靠对农业和渔业的重视，通过政策保护第一产业，提升农产品、海产品出口品的附加价值；而对于发展中国家如俄罗斯和东南亚国家而言，采掘业依然是其发展资源密集型产业的重要竞争力来源。这是由于 2008 年至 2014 年间，俄罗斯政府推动了资源开发和振兴计划，致力于提高能源、矿产等资源密集型产业的生产水平，2014 年之后，俄罗斯受到国际制裁和能源价格波动等因素影响,经济面临压力,其政府出台了一系列政策以应对经济挑战。日本不属于矿产资源丰富的国家,但是第一产业的国际竞争力却在不断上升,这主要依赖于日本相较于其他发达国家,高度重视农业和渔业的发展,第一产业占 GDP 的比重在 2008 年后保持在一定水平,结合文化宣传的方式提升其农业和渔业的出口量和附加价值,日本的农业具有小规模家庭农场、高度机械化和技术化的特点,而日本的现代化渔业充分发挥岛国海洋资源丰富的特点,通过捕捞配额、设立渔业保护区的方式保护渔业的可持续发展,因此,日本的海产品加工和出口在国际市场享有很高的知名度。越南政府则积极推动了对矿产资源的开发和利用,包括石油、煤炭、铁矿等资源,吸引了大量外国投资,推动了资源密集型产业的发展。老挝和柬埔寨政府致力于利用本国丰富的自然资源,包括水力资源和矿产资源,推动资源密集型产业的发展。资源密集型产业的 RCA 在近十年发生下降的原因也并不相同,印度主要是由于基础设施不足、政策不稳定,更偏向于被动下滑;新加坡则是由于政府通过投资研发和技术创新,致力于提高资源利用效率,减少对资源密集型产业的依赖,更倾向于主动下调。

以总出口口径计算的 RCA 反映出,中国在亚太区域的资源密集型产业竞争格局中保持了中等偏上的地位。

表 2.3 给出了资源密集型产业的显性比较优势指数相关矩阵。根据相关系数矩阵,在资源密集型产业中,中国与柬埔寨、日本、老挝、墨西哥、俄罗斯、越南的价值链嵌合度较高,与文莱稍有合作,与美国、新加坡、菲律宾在该领域的 RCA 指数表现为强负相关关系;在原材料和中间产品方面,柬埔寨、日本、老挝、俄罗斯、越南与中国的合作程度更高;在最终产品方面,中国与马来西亚、泰国的合作程度较高,与印度表现为强负相关关系。

表 2.3　　各国资源密集型产业 *RCA* 相关系数矩阵

国家	澳大利亚	文莱	柬埔寨	印度	印度尼西亚	日本	韩国	老挝
澳大利亚	1.0000							
文莱	0.2441	1.0000						
柬埔寨	0.0767	0.3505	1.0000					
印度	-0.3712	0.1486	0.1738	1.0000				
印度尼西亚	-0.5363	-0.3197	-0.1982	0.6020	1.0000			
日本	-0.0717	0.3515	0.5664	0.7560	0.3911	1.0000		
韩国	0.2023	-0.0109	-0.4347	0.1196	0.4045	-0.0088	1.0000	
老挝	0.2180	0.5510	0.7165	0.4942	-0.0262	0.8216	-0.0895	1.0000
马来西亚	0.0433	-0.2737	0.3280	-0.5125	-0.0761	-0.2019	-0.0953	-0.2332
墨西哥	0.1215	0.3479	0.3775	0.3995	0.2399	0.6920	0.4601	0.7112
菲律宾	-0.1408	-0.6210	-0.4090	-0.6355	0.0094	-0.7705	-0.1307	-0.8330
中国	0.2108	0.4242	0.7109	0.1170	-0.2044	0.6568	-0.1963	0.7292
俄罗斯	0.3384	0.5042	0.7067	0.1854	-0.5143	0.5316	-0.2901	0.7905
新加坡	-0.2489	-0.6271	-0.8015	-0.2683	0.2030	-0.7309	0.2330	-0.8872
泰国	0.1693	-0.3089	-0.0153	-0.7217	-0.3562	-0.5040	-0.0381	-0.4610
美国	0.1581	-0.3546	-0.4875	0.2344	-0.0345	-0.2041	0.0819	-0.1863
越南	0.0302	0.5763	0.7021	0.6095	0.0112	0.8607	-0.1961	0.9167

续表

国家	马来西亚	墨西哥	菲律宾	中国	俄罗斯	新加坡	泰国	美国	越南
马来西亚	1.000								
墨西哥	-0.081	1.000							
菲律宾	0.534	-0.701	1.000						
中国	0.154	0.688	-0.609	1.000					
俄罗斯	-0.124	0.508	-0.742	0.792	1.000				
新加坡	0.098	-0.623	0.756	-0.872	-0.821	1.000			
泰国	0.782	-0.222	0.634	-0.078	-0.156	0.345	1.000		
美国	-0.662	-0.294	-0.049	-0.477	-0.102	0.353	-0.382	1.000	
越南	-0.317	0.666	-0.855	0.767	0.794	-0.888	-0.525	-0.172	1.000

资料来源：ADB2022。

（二）基于贸易增加值口径的 RCA_{va_b} 指数

从全球价值链角度来看，传统 RCA 指数既忽略了国内的生产分工又忽略了国际生产分工，不能反映出口产业真正的竞争优势。其原因在于：一方面，传统的 RCA 指数忽略一个国家/产业的增加值可以隐含在该国其他产业出口品中而实现间接出口；另一方面，传统的 RCA 指数也没有考虑一个国家/产业的总出口中包含部分外国价值。因此，正确测量一个国家/产业竞争优势时不仅需要包括隐含在其他产业出口品中的该产业增加值，还需要扣除总出口中来源于外国的增加值和纯重复计算的部分。

基于此，Wang 等（2013）提出了基于贸易增加值口径计算的 RCA 指数。相比于基于总出口口径计算的 RCA 指数，基于贸易增加值口径计算的 RCA_{va} 指数更能反映出一国在某产业中获得的国际竞争力，其公式如下：

$$RCA_{va\_b} = \frac{EXDVA_i / EXDVA_t}{W_i / W_t}$$

$$EXDVA = DVA_{ex} + DVA_{rt} \qquad (2.2)$$

式中，$EXDVA_i$ 指的是一国出口的第 i 种产品中所包含的国内增加值部分，$EXDVA_t$ 指的是一国出口的所有产品中所包含的国内增加值部分；DVA_{ex} 指的是被其他地区出口并吸收的国内增加值；DVA_{rt} 指的是出口但最终返回的国内增加值。

具体地，RCA_{va_b} 指数从产品和服务的上游对贸易增加值口径下的 RCA 指数进行后向分解，可以用于反映某个国家在价值链中的后向参与度。如果一国的 RCA 和 RCA_{va_b} 指数同时居高，这可能意味着该国虽然在最终产品出口上表现出色，但在生产过程中高度依赖外国的中间投入品。这种情况下，该国的出口竞争力可能受到外部供应链稳定性的影响。如果一国的 RCA 指数和后向参与度都较低，那么该国在该产业或产品上可能既缺乏出口竞争力，又在全球价值链中处于较为边缘的位置。

表 2.4 给出了资源密集型产业基于贸易增加值口径，从产品和服务上游测算的显性比较优势指数 RCA_{va_b}。从整体趋势来看，文莱、墨西哥、印度尼西亚、越南的 RCA_{va_b} 指数最高，新加坡、菲律宾、印度、美国的指数偏低，其中，新加坡的指数最低，徘徊在 0.6 的水平线。这表明在资源密集型产业的竞争格局中，文莱、墨西哥、印度尼西亚、越南在价值链中的位置相对较低，对外部供应链的稳定性更为敏感。

表 2.4　　　　2008～2021 年世界各国资源密集型产业 RCA_{va_b}

年份	澳大利亚	文莱	柬埔寨	印度	印度尼西亚	日本	韩国	老挝
2008	1.09	1.33	0.89	0.68	1.31	1.04	1.17	1.02
2009	1.09	1.35	0.85	0.78	1.35	1.07	1.28	1.04
2010	1.13	1.37	0.76	0.72	1.32	1.08	1.25	1.11
2011	1.13	1.39	0.86	0.73	1.30	1.07	1.25	1.13
2012	1.06	1.40	0.83	0.81	1.30	1.05	1.23	1.12
2013	1.08	1.40	0.85	0.90	1.34	1.12	1.24	1.09
2014	1.04	1.37	0.91	0.91	1.36	1.14	1.19	1.19
2015	1.02	1.37	0.93	0.94	1.37	1.16	1.19	1.20
2016	1.09	1.38	0.95	0.99	1.40	1.19	1.22	1.25
2017	1.11	1.39	0.95	0.96	1.40	1.18	1.25	1.29
2018	1.14	1.38	0.93	0.92	1.25	1.13	1.23	1.25
2019	1.11	1.38	0.90	0.78	1.25	1.11	1.22	1.23
2020	1.12	1.41	1.01	0.78	1.25	1.16	1.22	1.26

续表

年份	澳大利亚	文莱	柬埔寨	印度	印度尼西亚	日本	韩国	老挝
2021	1.11	1.37	1.09	0.77	1.25	1.12	1.20	1.25
均值	1.09	1.38	0.91	0.83	1.32	1.12	1.23	1.17

年份	马来西亚	墨西哥	菲律宾	中国	俄罗斯	新加坡	泰国	美国	越南
2008	1.02	1.29	0.95	1.15	0.82	0.58	1.15	0.84	1.20
2009	1.00	1.35	0.84	1.16	0.90	0.63	1.19	0.85	1.21
2010	0.97	1.34	0.83	1.16	0.91	0.60	1.03	0.85	1.20
2011	0.96	1.33	0.81	1.14	0.91	0.49	0.95	0.85	1.25
2012	0.95	1.34	0.81	1.14	0.95	0.60	0.94	0.84	1.28
2013	0.95	1.33	0.76	1.17	0.97	0.55	0.90	0.85	1.29
2014	0.95	1.33	0.76	1.18	1.00	0.57	0.89	0.85	1.31
2015	0.93	1.34	0.74	1.19	1.02	0.57	0.90	0.83	1.33
2016	0.94	1.36	0.72	1.21	0.99	0.56	0.86	0.83	1.35
2017	0.94	1.35	0.72	1.19	1.04	0.57	0.87	0.83	1.37
2018	0.91	1.32	0.69	1.17	1.27	0.60	0.89	0.92	1.33
2019	0.91	1.34	0.64	1.24	1.28	0.53	0.90	0.86	1.36
2020	0.96	1.34	0.70	1.24	1.25	0.55	1.16	0.77	1.36
2021	0.99	1.32	0.69	1.23	1.27	0.56	1.02	0.80	1.32
均值	0.95	1.33	0.76	1.18	1.04	0.57	0.98	0.84	1.30

资料来源：ADB2022。

从时间趋势上看，柬埔寨和俄罗斯的 RCA_{va_b} 指数上升最快，这表明在柬埔寨和俄罗斯的资源密集型产业对进口中间品的依赖程度上升。大多数国家的 RCA_{va_b} 值呈现出先上升后下降的趋势。中国、日本和韩国的 RCA_{va_b} 值在 2010 年达到峰值，之后逐渐下降。与此同时，受到 2008 年全球金融危机和 2011 年日本大地震和福岛核事故的影响，中国、日本和韩国的资源密集型产业在一定程度上降低了对外部供应链的依赖，导致 RCA_{va_b} 值在 2010 年后下降。相比之下，美国和越南的 RCA_{va_b} 值则呈现出较为平稳的趋势，表明其资源密集型产业在全球价值链中的后向参与度相对平衡，更不容易受到外部供应链稳定性变化的干扰。

在贸易增加值口径下，后向嵌合的 RCA 指数反映出中国在资源密集型产业的价值链中后向嵌合的能力较强。

（三）基于贸易增加值口径的 RCA_{va_f} 指数

RCA_{va_f} 从产品和服务的下游对贸易增加值口径下的 RCA 指数进行前向分解，可以用于反映某个国家在价值链中的前向参与度。如果一国的 RCA 指数较高，且前向参与度也较高，那么该国在该产业或产品上不仅具有出口竞争力，而且还能够在全球价值链中扮演重要的上游角色，为其他国家提供关键的中间投入品。如果一国的 RCA 指数较低，但前向参与度较高，这可能表明该国在某些中间投入品上具有竞争优势，但这些优势并没有完全转化为最终产品的出口竞争力。

表 2.5 给出了资源密集型产业基于贸易增加值口径，从产品和服务下游测算的显性比较优势指数 RCA_{va_f}。从横向角度观察，近十几年文莱的 RCA_{va_f} 指数均在 1.67 以上，2021 年逼近 1.8，在选取的 17 个国家中高居第一位，其次是老挝、印度尼西亚、越南，东南亚国家主要依靠自然资源禀赋优势，在资源密集型产业的价值链中扮演重要的上游角色，为其他国家提供关键的中间投入品。RCA_{va_f} 指数最低的是新加坡、菲律宾、美国和印度，这些国家资源密集型产业的 RCA、RCA_{va_b}、RCA_{va_f} 值均偏低，主要因为这些国家的经济发展重心不在资源密集型产业，导致其在资源密集型产业的价值链中处于比较边缘的位置。

表 2.5　　　2008～2021 年世界各国资源密集型产业 RCA_{va_f}

年份	澳大利亚	文莱	柬埔寨	印度	印度尼西亚	日本	韩国	老挝
2008	1.10	1.68	1.12	0.70	1.47	0.96	1.16	1.31
2009	1.07	1.70	1.10	0.77	1.50	0.99	1.24	1.34
2010	1.09	1.69	1.04	0.72	1.45	1.01	1.22	1.39
2011	1.06	1.70	1.08	0.71	1.44	0.98	1.21	1.37
2012	1.00	1.69	1.05	0.78	1.45	0.97	1.20	1.41
2013	1.04	1.69	1.06	0.84	1.48	1.04	1.21	1.39
2014	1.01	1.71	1.13	0.84	1.50	1.09	1.21	1.51
2015	0.99	1.67	1.14	0.83	1.50	1.08	1.19	1.49
2016	1.05	1.68	1.13	0.85	1.51	1.10	1.21	1.55
2017	1.06	1.69	1.12	0.82	1.52	1.09	1.29	1.61
2018	1.12	1.72	1.18	0.96	1.42	1.09	1.26	1.56
2019	1.12	1.78	1.18	0.84	1.41	1.10	1.27	1.57
2020	1.14	1.78	1.30	0.87	1.40	1.15	1.27	1.63
2021	1.14	1.78	1.35	0.87	1.41	1.08	1.25	1.56
均值	1.07	1.71	1.14	0.82	1.46	1.05	1.23	1.48
年份	马来西亚	墨西哥	菲律宾	中国	俄罗斯	新加坡	泰国	美国	越南
2008	1.17	1.33	1.00	1.24	0.95	0.58	1.12	0.84	1.36
2009	1.14	1.34	0.96	1.24	1.01	0.61	1.17	0.85	1.36
2010	1.09	1.34	0.91	1.21	1.01	0.59	1.04	0.85	1.35
2011	1.09	1.36	0.91	1.18	1.02	0.53	0.97	0.85	1.39
2012	1.09	1.36	0.92	1.16	1.06	0.56	0.98	0.83	1.38
2013	1.09	1.32	0.88	1.17	1.06	0.53	0.95	0.84	1.40
2014	1.11	1.36	0.90	1.19	1.08	0.56	0.97	0.85	1.43
2015	1.08	1.22	0.75	1.17	1.09	0.57	0.97	0.83	1.37
2016	1.08	1.24	0.72	1.18	1.09	0.55	0.94	0.83	1.44
2017	1.08	1.29	0.73	1.15	1.12	0.55	0.95	0.82	1.41
2018	1.06	1.26	0.72	1.12	1.31	0.59	0.97	0.89	1.42
2019	1.06	1.28	0.67	1.21	1.34	0.57	0.97	0.86	1.43

续表

年份	马来西亚	墨西哥	菲律宾	中国	俄罗斯	新加坡	泰国	美国	越南
2020	1.09	1.27	0.72	1.21	1.29	0.58	1.14	0.77	1.44
2021	1.12	1.25	0.72	1.21	1.31	0.59	1.03	0.80	1.46
均值	1.10	1.30	0.82	1.19	1.12	0.57	1.01	0.84	1.40

资料来源：ADB2022。

从变动趋势观察，RCA_{va_f}指数上升幅度较大的有日本、老挝、柬埔寨、印度，其中，老挝的RCA_{va_f}指数增长速度最快，表明其资源密集型产业的价值链快速优化升级。在选取的样本国家中，日本的指数水平居中，但是2008～2021年一直稳步上升，这是因为在此期间，日本通过与其他国家签署自由贸易协定、降低关税的手段，结合自身在资源密集型产业方面较为先进的技术和制造能力，提高了价值链上的前向参与度，从而增强了出口竞争力。老挝、柬埔寨、印度的RCA_{va_f}指数同样有了提高，这是因为这些国家在此期间对资源密集型产业进行了产业升级和技术创新，并且吸引了大量外部投资及合作的进入。墨西哥、印度尼西亚、菲律宾、美国，在此期间则由于贸易政策调整和全球市场需求变化，资源密集型产业的出口竞争力下降，RCA_{va_f}指数呈现下降趋势。

在贸易增加值口径下，RCA_{va_f}指数反映出中国在资源密集型产业的价值链中前向嵌合的能力居中。

二、制造业

（一）基于总出口口径的 RCA 指数

表2.6给出了世界各国制造业基于总出口口径测算的显性比较优

势指数 RCA。横向来看，韩国、越南、中国、墨西哥、日本的制造业 RCA 偏高。老挝、文莱、澳大利亚的指数常年低于 0.8。基于总出口口径，这些国家的制造业在亚太区域内的竞争力较弱。

表 2.6 　　　　　　2008~2021 年世界各国制造业 RCA 指数

年份	澳大利亚	文莱	柬埔寨	印度	印度尼西亚	日本	韩国	老挝
2008	0.52	0.55	0.94	0.72	1.10	1.21	1.39	0.20
2009	0.51	0.63	0.90	0.81	1.09	1.23	1.47	0.37
2010	0.46	0.64	0.85	0.77	1.06	1.25	1.45	0.26
2011	0.44	0.72	0.97	0.83	1.02	1.27	1.49	0.22
2012	0.44	0.74	0.92	0.92	1.05	1.24	1.47	0.25
2013	0.42	0.75	0.87	1.01	1.09	1.32	1.47	0.23
2014	0.42	0.73	0.88	1.03	1.16	1.34	1.41	0.24
2015	0.45	0.66	0.91	1.03	1.22	1.34	1.40	0.27
2016	0.39	0.57	0.93	1.05	1.32	1.35	1.42	0.27
2017	0.28	0.60	0.94	1.03	1.30	1.35	1.44	0.26
2018	0.41	0.76	0.73	0.99	1.15	1.31	1.41	0.30
2019	0.40	0.61	0.73	0.84	1.06	1.28	1.40	0.31
2020	0.41	0.74	0.76	0.81	1.07	1.31	1.38	0.32
2021	0.39	0.76	0.85	0.83	1.00	1.29	1.38	0.32
均值	0.42	0.67	0.87	0.91	1.12	1.29	1.43	0.27
年份	马来西亚	墨西哥	菲律宾	中国	俄罗斯	新加坡	泰国	美国	越南
2008	1.04	1.21	1.17	1.31	0.34	0.85	1.33	0.92	1.19
2009	1.05	1.29	1.02	1.31	0.37	0.87	1.35	0.92	1.12
2010	1.01	1.25	1.00	1.32	0.40	0.83	1.19	0.92	1.15
2011	1.02	1.20	0.99	1.32	0.38	0.77	1.10	0.94	1.20
2012	1.00	1.25	0.99	1.32	0.42	0.85	1.10	0.94	1.24
2013	1.01	1.25	0.94	1.35	0.44	0.80	1.05	0.94	1.32
2014	1.00	1.27	0.93	1.35	0.49	0.77	1.03	0.93	1.36

续表

年份	马来西亚	墨西哥	菲律宾	中国	俄罗斯	新加坡	泰国	美国	越南
2015	1.00	1.32	0.89	1.33	0.51	0.72	1.03	0.90	1.39
2016	1.00	1.38	0.88	1.35	0.43	0.67	0.99	0.91	1.41
2017	1.00	1.36	0.89	1.33	0.44	0.70	1.01	0.91	1.44
2018	0.98	1.33	0.87	1.33	0.62	0.73	1.07	0.99	1.44
2019	0.97	1.34	0.84	1.39	0.81	0.62	0.98	0.91	1.46
2020	1.05	1.33	0.87	1.34	0.86	0.62	1.21	0.79	1.45
2021	1.08	1.29	0.90	1.38	0.84	0.64	1.11	0.84	1.43
均值	1.02	1.29	0.94	1.34	0.53	0.75	1.11	0.91	1.33

资料来源：ADB2022。

纵向来看，越南的制造业 RCA 指数在过去十几年内迅猛提升，截至 2021 年已跃居亚太地区制造业的榜首，增长重点体现在轻工业和电子制造方面，这主要是由于中美、中韩关系复杂化以及中国的劳动力成本提升，美国和韩国将部分产业链从中国转移到越南，外商投资与合作是越南制造业发展的重要来源。俄罗斯的制造业在 2017 年后明显增强，2017～2021 年其制造业 RCA 指数几近翻倍，主要受到俄罗斯军队全面装备更新计划和俄罗斯军工出口整体规划的影响。韩国制造业的竞争力在 2013 年后轻微走弱，但在亚太区域仍然优势显著，韩国重点推动在高科技和电子领域的创新和升级。墨西哥的制造业发展也十分强劲，在汽车制造、电子和航空等领域取得了显著进展，与美国和加拿大签署的北美自由贸易协定（NAFTA）对墨西哥的出口导向型制造业影响重大。新加坡的制造业竞争力则在持续减弱，2018 年后制造业 RCA 指数跌至 0.8 以下，在全球和亚太区域内的竞争力均显示出弱势，一方面是由于新加坡的经济重心在服务业而非制造业，另一方面是由于新加坡作为小型开放经济体，其制造业高度依赖国际贸易，自 2018 年以来全球贸易紧张局势升级，导致许多国家采取保护主义措施，对新加坡制造业的影响尤为明显。2009 年之前，泰国制造业在亚太地区的竞争力仅次于韩国，但是在次贷危机之后，泰国的制造业 RCA 指数持续下滑，直到 2020 年才有所回升，一方面是由于泰国基础设施不足，使得制造业难以大规模发展，另一方面是由于邻近国家如中国和越南的制造业崛起，对泰国的制造业发展形成竞争威胁。美国的制造业 RCA 指数居于中等水平，这是由于其制造业在国民经济中的占比逐渐降低，并且在发展制造业时主要集中资源发展军工、电子、飞机制造等产业，将低端制造业转移至国外。

以总出口口径计算的 RCA 指数反映出，中国在亚太区域的制造业竞争格局中具备显著强势地位，在制造业的全球价值链中，中国主要承担产品加工组装环节。

根据表 2.7 中的 RCA 相关系数矩阵，中国与澳大利亚、菲律宾、俄罗斯的制造业存在显著正相关关系，与韩国、泰国存在较弱的正相关关系。与此同时，印度、印度尼西亚、墨西哥则与中国的制造业呈现显著负相关关系，日本、越南的制造业也表现出与中国的制造业有一定程度的负相关关系。

（二）基于贸易增加值口径的 RCA_{va_b} 指数

表 2.8 给出了世界各国制造业基于贸易增加值口径，从产品和服务上游测算的显性比较优势指数 RCA_{va_b}。亚太区域制造业的 RCA_{va_b} 指数与 RCA 指数变动趋势和排名基本相符，说明对于亚太区域而言，大部分制造业的生产活动仍然需要不同国家或地区之间进行合作，分别完成产品生产过程中的不同环节。韩国、越南、中国、墨西哥、日本的制造业 RCA 和 RCA_{va_b} 指数均偏高，说明上述国家不仅在亚太区

表 2.7

各国制造业 RCA 相关系数矩阵

国家	澳大利亚	文莱	柬埔寨	印度	印度尼西亚	日本	韩国	老挝
澳大利亚	1.000							
文莱	-0.677	1.000						
柬埔寨	0.676	-0.589	1.000					
印度	-0.617	0.635	-0.488	1.000				
印度尼西亚	-0.010	-0.438	0.170	0.350	1.000			
日本	-0.417	0.455	-0.201	0.784	0.320	1.000		
韩国	0.130	0.200	0.154	-0.054	-0.469	0.123	1.000	
老挝	-0.036	0.155	-0.338	0.017	-0.187	-0.391	-0.086	1.000
马来西亚	-0.322	0.668	-0.049	0.410	-0.240	0.277	-0.073	0.112
墨西哥	-0.654	0.365	-0.411	0.857	0.559	0.593	-0.195	0.102
菲律宾	0.940	-0.589	0.736	-0.639	-0.142	-0.379	0.313	-0.215
中国	0.572	-0.164	0.257	-0.659	-0.733	-0.425	0.473	0.007
俄罗斯	-0.712	0.786	-0.794	0.356	-0.468	0.146	-0.161	0.213
新加坡	0.636	-0.225	0.206	-0.387	-0.328	-0.508	0.228	0.294
泰国	0.747	-0.582	0.308	-0.718	-0.115	-0.788	-0.131	0.268
美国	0.444	-0.363	0.306	0.013	0.178	0.040	0.483	-0.020
越南	-0.595	0.515	-0.705	0.721	0.134	0.431	-0.192	-0.115

续表

国家	马来西亚	墨西哥	菲律宾	中国	俄罗斯	新加坡	泰国	美国	越南
马来西亚	1.000								
墨西哥	0.255	1.000							
菲律宾	-0.220	-0.698	1.000						
中国	-0.117	-0.769	0.685	1.000					
俄罗斯	0.457	0.200	-0.664	-0.076	1.000				
新加坡	-0.175	-0.402	0.613	0.579	-0.272	1.000			
泰国	-0.312	-0.646	0.671	0.449	-0.388	0.670	1.000		
美国	-0.539	0.011	0.409	0.197	-0.623	0.473	0.067	1.000	
越南	0.201	0.550	-0.563	-0.422	0.601	-0.300	-0.471	-0.138	1.000

资料来源：ADB2022。

域的制造业中具有较高的相对比较优势，并且在生产过程中也有较高的后向参与度，该国在该产业或产品上不仅具有出口竞争力，而且比较依赖于外国的中间投入品。

表 2.8　　　　　　　　　2008～2021 年世界各国制造业 RCA_{va_b}

年份	澳大利亚	文莱	柬埔寨	印度	印度尼西亚	日本	韩国	老挝
2008	0.51	0.60	0.91	0.67	1.14	1.29	1.45	0.21
2009	0.50	0.69	0.87	0.77	1.13	1.30	1.55	0.40
2010	0.46	0.71	0.82	0.73	1.11	1.33	1.54	0.28
2011	0.43	0.80	0.96	0.78	1.08	1.36	1.60	0.24
2012	0.44	0.82	0.91	0.87	1.10	1.33	1.56	0.27
2013	0.41	0.83	0.85	0.97	1.13	1.40	1.55	0.25
2014	0.41	0.80	0.85	0.99	1.20	1.41	1.47	0.25
2015	0.43	0.71	0.87	1.01	1.26	1.39	1.44	0.28
2016	0.38	0.60	0.89	1.06	1.38	1.42	1.45	0.28
2017	0.28	0.66	0.91	1.04	1.36	1.42	1.50	0.26
2018	0.41	0.83	0.63	0.97	1.19	1.37	1.49	0.31
2019	0.39	0.68	0.61	0.80	1.07	1.33	1.46	0.32
2020	0.40	0.81	0.63	0.78	1.09	1.37	1.45	0.33
2021	0.39	0.85	0.72	0.78	1.01	1.35	1.45	0.33
均值	0.42	0.74	0.82	0.87	1.16	1.36	1.50	0.29

年份	马来西亚	墨西哥	菲律宾	中国	俄罗斯	新加坡	泰国	美国	越南
2008	0.97	1.13	1.13	1.39	0.36	0.71	1.36	0.96	1.20
2009	0.97	1.22	0.97	1.38	0.39	0.76	1.39	0.95	1.15
2010	0.93	1.18	0.98	1.41	0.42	0.74	1.20	0.96	1.16
2011	0.96	1.12	0.98	1.43	0.40	0.62	1.06	0.98	1.25

续表

年份	马来西亚	墨西哥	菲律宾	中国	俄罗斯	新加坡	泰国	美国	越南
2012	0.94	1.19	0.97	1.43	0.45	0.75	1.07	0.98	1.27
2013	0.94	1.20	0.91	1.45	0.47	0.68	1.01	0.98	1.33
2014	0.93	1.22	0.89	1.44	0.51	0.70	0.99	0.95	1.39
2015	0.91	1.30	0.85	1.41	0.53	0.68	0.98	0.92	1.45
2016	0.91	1.34	0.82	1.42	0.45	0.66	0.94	0.92	1.43
2017	0.91	1.29	0.82	1.42	0.46	0.68	0.95	0.93	1.50
2018	0.88	1.28	0.79	1.41	0.64	0.73	0.97	1.02	1.49
2019	0.87	1.29	0.73	1.47	0.83	0.64	0.95	0.93	1.50
2020	0.96	1.27	0.78	1.45	0.89	0.66	1.21	0.81	1.49
2021	0.99	1.24	0.78	1.47	0.88	0.68	1.08	0.86	1.45
均值	0.93	1.23	0.89	1.43	0.55	0.69	1.08	0.94	1.36

资料来源：ADB2022。

制造业 RCA_{va_b} 增长幅度较大的国家主要包括越南和俄罗斯。其中，越南依靠低廉的劳动力成本吸引发达国家将低端制造业向其转移，实现了制造业竞争力的快速提升，与此同时，越南积极参与了多个国际贸易协定，如东盟、跨太平洋伙伴关系协定等，这些贸易协定为越南制造业提供了更多的市场机会和贸易便利，进一步加强了前向参与度。俄罗斯利用自身在能源、原材料加工方面的优势，重点发展了汽车、机械设备、化工产品等制造业领域，加强了与亚洲、中东等地区关于出口资源和制造品方面的合作。

以贸易增加值口径计算的 RCA_{va_b} 指数反映出，中国的制造业在亚太区域竞争格局中保持稳定的强势地位，后向嵌入能力仍然具有绝对优势，在制造业的低端环节没有丧失竞争力。

（三）基于贸易增加值口径的 RCA_{va_f} 指数

表2.9给出了世界各国制造业基于贸易增加值口径，从产品和服务下游测算的显性比较优势指数 RCA_{va_f}。

表2.9　　　　　　2008～2021年世界各国制造业 RCA_{va_f}

年份	澳大利亚	文莱	柬埔寨	印度	印度尼西亚	日本	韩国	老挝
2008	0.45	0.49	1.13	0.59	1.10	1.39	1.66	0.22
2009	0.44	0.57	1.09	0.64	1.06	1.36	1.72	0.42
2010	0.39	0.59	1.08	0.61	1.01	1.44	1.75	0.27
2011	0.38	0.64	1.22	0.63	0.98	1.47	1.81	0.25
2012	0.39	0.69	1.16	0.72	1.02	1.48	1.80	0.28
2013	0.38	0.71	1.06	0.78	1.03	1.54	1.79	0.25
2014	0.38	0.68	1.06	0.81	1.11	1.58	1.73	0.27
2015	0.36	0.68	1.08	0.79	1.14	1.51	1.63	0.28
2016	0.31	0.59	1.08	0.80	1.22	1.52	1.62	0.28
2017	0.29	0.63	1.09	0.77	1.19	1.50	1.75	0.25
2018	0.31	0.75	0.87	0.89	1.09	1.53	1.78	0.30
2019	0.29	0.67	0.85	0.73	1.02	1.48	1.73	0.31
2020	0.28	0.78	0.85	0.74	1.01	1.49	1.68	0.31
2021	0.27	0.82	0.96	0.77	0.94	1.44	1.70	0.31
均值	0.35	0.66	1.04	0.73	1.07	1.48	1.72	0.29
年份	马来西亚	墨西哥	菲律宾	中国	俄罗斯	新加坡	泰国	美国	越南
2008	0.87	1.11	1.06	1.37	0.53	0.83	1.35	1.03	1.36
2009	0.89	1.17	0.95	1.35	0.51	0.85	1.36	1.06	1.26
2010	0.87	1.16	0.92	1.38	0.52	0.85	1.20	1.06	1.25
2011	0.89	1.10	0.95	1.38	0.54	0.79	1.04	1.06	1.27
2012	0.91	1.21	0.98	1.39	0.57	0.84	1.09	1.07	1.30
2013	0.91	1.20	0.91	1.35	0.56	0.78	1.02	1.04	1.35

续表

年份	马来西亚	墨西哥	菲律宾	中国	俄罗斯	新加坡	泰国	美国	越南
2014	0.92	1.24	0.91	1.33	0.59	0.81	1.03	1.03	1.36
2015	0.90	1.23	0.78	1.26	0.59	0.80	1.03	1.03	1.34
2016	0.90	1.30	0.74	1.26	0.54	0.76	0.98	1.03	1.35
2017	0.89	1.29	0.75	1.23	0.53	0.76	0.99	1.02	1.34
2018	0.88	1.28	0.76	1.29	0.62	0.83	1.02	1.12	1.45
2019	0.87	1.23	0.70	1.35	0.71	0.78	0.94	1.04	1.39
2020	0.91	1.19	0.70	1.31	0.76	0.77	1.11	0.92	1.36
2021	0.95	1.23	0.73	1.33	0.76	0.81	1.02	0.96	1.40
均值	0.90	1.21	0.85	1.33	0.60	0.81	1.08	1.04	1.34

资料来源：ADB2022。

表 2.9 中的 RCA_{va_f} 指数显示，韩国、日本、中国和越南的制造业竞争力和提供关键中间品的能力最强，在生产过程中具有较高的前向参与度。韩国和日本的制造业发展有赖于过去积累的管理经验和技术基础，这使得其能够在制造业关键领域拥有先进的技术和研发能力，能够生产高品质、高附加值的产品，并提供关键的中间投入品。中国发展制造业的主要优势在于规模经济和完整的产业链，中国是全球唯一具备全产业链的国家，涵盖了从原材料采购、生产制造到最终产品的销售等各个环节，这种完整的产业链条使得中国能够提供全方位的产品和服务，满足客户的需求，有利于自身的制造业发展，并在全球价值链中扮演关键角色。而越南的外商直接投资（FDI）大量增加，为越南的制造业带来了先进的技术、管理经验和市场渠道，促进了其前向嵌入能力的增强，越南还在电子、纺织服装、汽车零部件等产业领域加强了与国际企业进行合作，参与了全球产业链的不同环节，进一步提高了其前向嵌入能力。

以贸易增加值口径计算的 RCA_{va_f} 反映出，中国制造业在亚太区域内表现出很高的前向参与度，但是韩国和日本在高端制造业环节的竞争力仍然强于中国。

三、服务业

（一）基于总出口口径的 RCA 指数

表 2.10 给出了世界各国服务业基于总出口口径测算的显性比较优势指数 RCA。横向来看，新加坡的服务业 RCA 指数最高，国际竞争力最强，其次是菲律宾、印度和美国。文莱、墨西哥、印度尼西亚、越南和韩国的服务业相对不发达。

表 2.10　　　　　　2008～2021 年世界各国服务业 RCA

年份	澳大利亚	文莱	柬埔寨	印度	印度尼西亚	日本	韩国	老挝
2008	0.85	0.31	1.26	1.81	0.26	0.94	0.50	1.13
2009	0.86	0.38	1.35	1.50	0.25	0.87	0.34	1.05
2010	0.77	0.29	1.55	1.63	0.31	0.84	0.38	0.89
2011	0.76	0.15	1.32	1.62	0.32	0.86	0.35	0.81
2012	0.93	0.16	1.41	1.38	0.33	0.91	0.39	0.85
2013	0.88	0.36	1.36	1.13	0.25	0.72	0.40	0.94
2014	0.96	0.28	1.22	1.12	0.21	0.65	0.50	0.69
2015	1.02	0.29	1.14	1.08	0.20	0.62	0.50	0.67
2016	0.87	0.32	1.10	1.02	0.19	0.59	0.47	0.55
2017	0.82	0.30	1.10	1.08	0.18	0.60	0.43	0.47
2018	0.73	0.28	1.15	1.14	0.47	0.70	0.48	0.55
2019	0.81	0.28	1.17	1.43	0.49	0.73	0.50	0.60

年份	澳大利亚	文莱	柬埔寨	印度	印度尼西亚	日本	韩国	老挝
2020	0.81	0.19	0.94	1.46	0.48	0.65	0.51	0.50
2021	0.81	0.24	0.76	1.46	0.47	0.72	0.52	0.51
均值	0.85	0.26	1.20	1.35	0.32	0.74	0.45	0.73

年份	马来西亚	墨西哥	菲律宾	中国	俄罗斯	新加坡	泰国	美国	越南
2008	0.91	0.23	0.96	0.65	1.63	1.81	0.56	1.46	0.45
2009	0.93	0.18	1.26	0.66	1.37	1.67	0.52	1.40	0.52
2010	1.01	0.19	1.33	0.64	1.36	1.77	0.86	1.40	0.49
2011	1.06	0.20	1.40	0.69	1.38	2.01	1.02	1.43	0.38
2012	1.08	0.18	1.39	0.69	1.26	1.80	1.05	1.42	0.30
2013	1.06	0.22	1.50	0.62	1.20	1.88	1.13	1.40	0.27
2014	1.05	0.21	1.48	0.60	1.11	1.92	1.16	1.39	0.25
2015	1.05	0.22	1.51	0.61	1.05	1.96	1.13	1.42	0.25
2016	1.02	0.19	1.50	0.57	1.12	1.98	1.19	1.38	0.22
2017	1.03	0.20	1.50	0.61	1.01	1.95	1.16	1.40	0.20
2018	1.11	0.23	1.58	0.64	0.45	1.95	1.06	1.22	0.20
2019	1.09	0.20	1.60	0.49	0.45	2.11	1.15	1.32	0.19
2020	0.96	0.20	1.50	0.48	0.50	2.10	0.63	1.56	0.18
2021	0.89	0.21	1.49	0.49	0.44	2.14	0.90	1.51	0.20
均值	1.02	0.20	1.43	0.60	1.02	1.93	0.97	1.41	0.29

资料来源：ADB2022。

纵向来看，泰国的服务业 RCA 指数波动较大，主要是因为泰国的服务业严重依赖旅游产业，泰国 2019 年以前服务业 RCA 值稳定增长，新冠疫情暴发后旅游产业受到打击，服务业 RCA 值迅速下滑。在过去的十多年间，俄罗斯的服务业则在不断衰落，2008 年时其服务业 RCA 指数为 1.63，在全球服务业竞争格局中具有强势地位，此后 RCA 指数不断下滑，2021 年已跌落至 0.44，几乎不具备竞争力，这是由于俄罗斯服务业存在结构性问题，缺乏多样化，主要依赖传统的资源型产业和政府服务，而未能充分发展现代化、高附加值的服务业，管理效率低下和创新能力不足等问题共同导致其服务业竞争力的下降。

在亚太区域的竞争格局中，中国的服务业 RCA 指数处于中等偏下的地位，服务业 RCA 指数均值仅为 0.60，国际竞争力较弱，并且 2018 年之后进一步下滑。

从表 2.11 中的 RCA 相关系数矩阵来看，俄罗斯、柬埔寨与中国的服务业上具有显著的正相关关系，日本、老挝、越南也与中国在制造业上具有一定程度的正相关关系。而印度尼西亚、韩国、新加坡的制造业则与中国呈现负相关关系。

（二）基于贸易增加值口径的 RCA_{va_b} 指数

表 2.12 给出了世界各国服务业基于贸易增加值口径，从产品和服务上游测算的显性比较优势指数 RCA_{va_b}。

亚太区域服务业的 RCA_{va_b} 指数与 RCA 指数排名基本吻合，这意味着当前亚太地区大部分国家的服务业与其他国家或地区的合作联系紧密，服务业竞争力较强的新加坡、菲律宾、印度和美国，需要其他国家或地区向其提供中间品以发展服务业。

从变动趋势来看，RCA_{va_b} 指数发生大幅波动的国家有美国、菲律宾、印度、俄罗斯和柬埔寨，其余国家的服务业 RCA_{va_b} 指数则保持在相对稳定的水平。2018 年后，美国的服务业 RCA 和 RCA_{va_b} 指数均不断上升，而俄罗斯的服务业 RCA 和 RCA_{va_b} 指数均持续下降，在一定程度上印证了在美国对俄罗斯的制裁和俄罗斯的反制裁行动中，美国在贸易层面更占据有利地位，2017 年美国颁布的《以制裁反击美国

各国服务业 RCA 相关系数矩阵

表 2.11

国家	澳大利亚	文莱	柬埔寨	印度	印度尼西亚	日本	韩国	老挝
澳大利亚	1.000							
文莱	-0.677	1.000						
柬埔寨	0.676	-0.589	1.000					
印度	-0.617	0.635	-0.488	1.000				
印度尼西亚	-0.010	-0.438	0.170	0.350	1.000			
日本	-0.417	0.455	-0.201	0.784	0.320	1.000		
韩国	0.130	0.200	0.154	-0.054	-0.469	0.123	1.000	
老挝	-0.036	0.155	-0.338	0.017	-0.187	-0.391	-0.086	1.000
马来西亚	-0.322	0.668	-0.049	0.410	-0.240	0.277	-0.073	0.112
墨西哥	-0.654	0.365	-0.411	0.857	0.559	0.593	-0.195	0.102
菲律宾	0.940	-0.589	0.736	-0.639	-0.142	-0.379	0.313	-0.215
中国	0.572	-0.164	0.257	-0.659	-0.733	-0.425	0.473	0.007
俄罗斯	-0.712	0.786	-0.794	0.356	-0.468	0.146	-0.161	0.213
新加坡	0.636	-0.225	0.206	-0.387	-0.328	-0.508	0.228	0.294
泰国	0.747	-0.582	0.308	-0.718	-0.115	-0.788	-0.131	0.268
美国	0.444	-0.363	0.306	0.013	0.178	0.040	0.483	-0.020
越南	-0.595	0.515	-0.705	0.721	0.134	0.431	-0.192	-0.115

续表

国家	马来西亚	墨西哥	菲律宾	中国	俄罗斯	新加坡	泰国	美国	越南
马来西亚	1.000								
墨西哥	0.255	1.000							
菲律宾	-0.220	-0.698	1.000						
中国	-0.117	-0.769	0.685	1.000					
俄罗斯	0.457	0.200	-0.664	-0.076	1.000				
新加坡	-0.175	-0.402	0.613	0.579	-0.272	1.000			
泰国	-0.312	-0.646	0.671	0.449	-0.388	0.670	1.000		
美国	-0.539	0.011	0.409	0.197	-0.623	0.473	0.067	1.000	
越南	0.201	0.550	-0.563	-0.422	0.601	-0.300	-0.471	-0.138	1.000

资料来源：ADB2022。

表 2.12   2008 ~ 2021 年世界各国服务业 RCA_{va_b} 指数

年份	澳大利亚	文莱	柬埔寨	印度	印度尼西亚	日本	韩国	老挝
2008	0.79	0.19	1.26	1.78	0.25	0.90	0.58	0.96
2009	0.81	0.24	1.33	1.49	0.23	0.84	0.39	0.91
2010	0.71	0.19	1.53	1.61	0.29	0.81	0.44	0.75
2011	0.71	0.09	1.32	1.63	0.30	0.84	0.41	0.70
2012	0.86	0.09	1.39	1.44	0.30	0.89	0.47	0.72
2013	0.82	0.10	1.33	1.21	0.24	0.74	0.47	0.79
2014	0.91	0.18	1.20	1.21	0.20	0.69	0.58	0.58
2015	0.97	0.19	1.14	1.13	0.20	0.66	0.58	0.57
2016	0.82	0.22	1.11	1.03	0.18	0.61	0.54	0.48
2017	0.77	0.20	1.10	1.08	0.18	0.62	0.49	0.40
2018	0.68	0.17	1.15	1.17	0.44	0.71	0.50	0.46
2019	0.77	0.20	1.21	1.47	0.47	0.76	0.53	0.52
2020	0.75	0.13	0.98	1.47	0.47	0.66	0.53	0.44
2021	0.75	0.17	0.80	1.50	0.45	0.74	0.55	0.44
均值	0.79	0.17	1.20	1.37	0.30	0.75	0.51	0.62

年份	马来西亚	墨西哥	菲律宾	中国	俄罗斯	新加坡	泰国	美国	越南
2008	0.95	0.29	1.12	0.64	1.43	2.03	0.64	1.39	0.52
2009	1.00	0.24	1.35	0.65	1.23	1.81	0.59	1.33	0.53
2010	1.07	0.25	1.37	0.63	1.20	1.89	0.92	1.33	0.55
2011	1.10	0.25	1.44	0.67	1.21	2.18	1.12	1.35	0.42
2012	1.12	0.22	1.44	0.68	1.11	1.92	1.13	1.36	0.37
2013	1.11	0.27	1.54	0.61	1.06	2.01	1.21	1.34	0.35
2014	1.12	0.26	1.53	0.59	0.99	1.96	1.24	1.34	0.32
2015	1.15	0.27	1.56	0.60	0.95	1.93	1.23	1.37	0.28
2016	1.12	0.26	1.57	0.56	1.02	1.91	1.28	1.34	0.29
2017	1.12	0.28	1.58	0.60	0.91	1.89	1.26	1.35	0.24
2018	1.20	0.31	1.68	0.63	0.41	1.88	1.24	1.18	0.27
2019	1.20	0.27	1.75	0.50	0.42	1.99	1.20	1.29	0.24

年份	马来西亚	墨西哥	菲律宾	中国	俄罗斯	新加坡	泰国	美国	越南
2020	1.08	0.28	1.63	0.49	0.46	1.94	0.67	1.49	0.24
2021	1.02	0.28	1.69	0.50	0.40	1.96	0.96	1.44	0.29
均值	1.10	0.27	1.52	0.60	0.91	1.95	1.05	1.35	0.35

资料来源：ADB2022。

敌人法案》（Countering America's Adversaries Through Sanctions Act，CAATSA）对俄罗斯的军事情报部门、能源行业和金融机构等实体和个人实施了经济制裁和资产冻结等措施，此后的多轮制裁对俄罗斯服务业造成重大消极影响，与此同时，俄罗斯自身的服务业具有结构性问题，无法及时调整和适应市场需求的变化，而与西方国家的紧张关系、地区冲突等地缘政治因素的不确定性也加剧了俄罗斯服务业寻求国际合作的难度，因此，俄罗斯的服务业持续走弱。菲律宾的服务业 RCA_{va_b} 在持续提升，后向嵌合能力仅次于新加坡，这是由于菲律宾属于出口导向型国家，得益于庞大的英语人口和相对低廉的劳动力成本带来的人力资源优势，2008 年至 2021 年期间，菲律宾的外包业务持续增长，吸引了大量国际企业的投资，推动了服务业 RCA 和 RCA_{va_b} 指数的上升。在东南亚国家中，只有柬埔寨服务业 RCA 和 RCA_{va_b} 指数在 2008 年至 2018 年间持续下滑，主要源于柬埔寨的服务业以传统的低附加值服务业为主，缺乏高附加值和技术密集型服务业的支持，由于旅游、住宿和餐饮业的不可替代性较弱，并且邻近国家的相关产业具有更强的宣传力度和影响力，导致柬埔寨服务业的国际竞争力表现出明显不足。

以贸易增加值口径计算的 RCA_{va_b} 反映出，中国的服务业下游环节在亚太区域的竞争力偏弱。

（三）基于贸易增加值口径的 RCA_{va_f} 指数

表2.13 给出了世界各国服务业基于贸易增加值口径，从产品和服务下游测算的显性比较优势指数 RCA_{va_f}。从横向对比的角度，新加坡、美国、菲律宾和印度的服务业具有最高的前向参与度。文莱、印度尼西亚和老挝的服务业前向参与度最低。

表 2.13　　　2008～2021 年世界各国服务业 RCA_{va_f} 指数

年份	澳大利亚	文莱	柬埔寨	印度	印度尼西亚	日本	韩国	老挝
2008	0.87	0.18	0.86	1.36	0.43	1.04	0.81	0.63
2009	0.92	0.21	0.89	1.26	0.44	1.01	0.73	0.62
2010	0.90	0.18	0.95	1.33	0.47	0.99	0.74	0.54
2011	0.92	0.14	0.90	1.36	0.46	1.03	0.75	0.55
2012	1.00	0.17	0.94	1.26	0.46	1.03	0.76	0.50
2013	0.95	0.19	0.93	1.19	0.44	0.95	0.75	0.55
2014	0.99	0.21	0.86	1.18	0.44	0.90	0.77	0.43
2015	1.01	0.26	0.85	1.19	0.45	0.91	0.79	0.45
2016	0.94	0.27	0.86	1.16	0.45	0.89	0.78	0.41
2017	0.93	0.25	0.87	1.20	0.44	0.90	0.69	0.34
2018	0.87	0.22	0.80	1.04	0.54	0.90	0.71	0.39
2019	0.87	0.20	0.82	1.16	0.56	0.90	0.72	0.41
2020	0.86	0.20	0.70	1.13	0.59	0.85	0.72	0.36
2021	0.85	0.16	0.62	1.14	0.56	0.92	0.73	0.40
均值	0.92	0.20	0.84	1.21	0.48	0.94	0.75	0.47

年份	马来西亚	墨西哥	菲律宾	中国	俄罗斯	新加坡	泰国	美国	越南
2008	0.79	0.60	1.00	0.70	1.06	1.50	0.86	1.19	0.56
2009	0.84	0.61	1.05	0.73	0.99	1.43	0.81	1.16	0.59
2010	0.89	0.60	1.10	0.75	0.99	1.48	0.95	1.17	0.58
2011	0.89	0.56	1.11	0.78	0.97	1.57	1.03	1.18	0.52
2012	0.90	0.56	1.10	0.80	0.93	1.53	1.03	1.20	0.54
2013	0.89	0.62	1.15	0.80	0.93	1.55	1.06	1.18	0.53
2014	0.88	0.60	1.11	0.79	0.91	1.49	1.03	1.16	0.52
2015	0.91	0.76	1.27	0.81	0.90	1.47	1.03	1.19	0.59
2016	0.92	0.74	1.30	0.81	0.91	1.48	1.06	1.19	0.53
2017	0.91	0.68	1.30	0.84	0.87	1.49	1.06	1.19	0.55
2018	0.94	0.71	1.31	0.87	0.67	1.45	1.03	1.12	0.54
2019	0.94	0.71	1.33	0.78	0.65	1.44	1.03	1.15	0.56
2020	0.91	0.72	1.29	0.78	0.71	1.43	0.86	1.23	0.56
2021	0.87	0.73	1.30	0.78	0.67	1.45	0.96	1.22	0.50
均值	0.89	0.66	1.19	0.79	0.87	1.48	0.99	1.18	0.55

资料来源：ADB2022。

新加坡的服务业 RCA_{va_f} 指数始终保持在 1.43 以上，高居亚太区域首位，这是源于新加坡充分发挥自身的地理位置优势，积极发展交通运输业，并且在 1997 年亚洲金融危机以后，新加坡确立了重点发展现代服务业的经济战略，通过知识化和信息化来改造贸易、金融、旅游等现有服务业[1]，因此新加坡的服务业后向嵌合能力具有显著优

---

① 资料参考：袁志丽. 新加坡现代服务业促经济发展 [N]. 经济日报，2014 – 07 – 29.

势，利用双语言的优势持续发展教育、健康保健和法律服务等新兴服务业，因此巩固和提升了其服务业的全球竞争力。美国的服务业涵盖了多个领域，包括教育、医疗保健、旅游、娱乐等，这些领域在国际市场上均拥有较强的竞争力，云计算、人工智能、大数据分析、区块链等科技领域的创新应用提升了服务业的效率和竞争力，包含银行、保险、资本市场等领域在内的金融服务业具备全球最成熟的市场和机制，谷歌、亚马逊、苹果、Facebook 等科技巨头在全球范围内提供互联网服务、电子商务、社交媒体、在线娱乐等服务，共同推动了美国服务业的发展和国际竞争力的提升，这使得美国能够为其他国家和地区提供更具附加价值的服务业中间品和出口商品。菲律宾在服务业价值链的前向嵌合能力仅次于新加坡，其 RCA_{va_f} 指数在 2015 年开始提升至 1.25 以上，这是由于菲律宾政府在 2014 年开始对劳动力市场改革，包括简化、放宽就业规定以及加大对技能培训和教育的投入，进一步扩大人力资源优势，其中重点关注信息技术（IT）和外包业务领域，这使得菲律宾的服务业具备更强的国际竞争力，推动了指数的上升，外包业务、旅游业和劳动力海外务工带来的大量外汇成为菲律宾国民经济的重要组成部分，这三大产业为其他国家和地区提供了大量交通运输、餐饮住宿和金融服务方面的中间品，但这三大经济支柱产业均受新冠疫情打击，2020 年产值严重下滑，2021 年随着疫情得到控制而略有恢复。印度也是全球服务业外包的主要目的地之一，其服务业主要聚焦软件开发、信息技术、客户服务等领域，并向全球提供软件开发、技术支持、数据处理等关键中间产品和服务，因此在服务价值链的前端具有较高的参与度。

文莱、印度尼西亚和老挝等东南亚国家的服务业前向参与度较低，在服务的全球和区域价值链中的角色较为边缘，这些国家的服务业主要依靠低附加值的传统产业，在提供关键中间产品或服务方面缺乏竞争优势，导致其在服务价值链的前向参与度较低。

以贸易增加值口径计算的 RCA_{va_f} 指数反映出中国在服务业的高附加值环节竞争力居中。

第三章

经济政策不确定性对亚太
价值链重构的影响[*]

第一节　不确定性现状

当今世界正处于百年未有之大变局，不确定性问题已成为世界发展的重大难题。2008 年金融危机之后，全球经济萎靡不振，英国脱欧、中美经贸摩擦、新冠疫情等"黑天鹅"事件频频发生，"逆全球化"浪潮不断涌现。各国政府为刺激经济纷纷加强干预，导致经济政策不确定性增加，由此引发的风险对以价值链片段化为主导的生产网络分工造成严重冲击，原本依靠生产要素优势布局的全球供应链一次次陷入中断（李坤望等，2021）。在经济政策不确定性大幅上升的情况下，各国政府开始反思过去单纯以效率为主导的供应链管理思路，更多考虑如何兼顾效率和安全，在产业体系安全性与最大限度参

---

[*] 本章内容于 2024 年 3 月发表于《国际商务研究》第 2 期。

与国际分工之间找到平衡。新冠疫情的冲击暴露出全球产业链发展存在的巨大不确定性，全球价值链的局部崩溃将很快导致整个生产体系的失灵（佟家栋等，2020），跨国公司及其母国切身感到相互依赖程度过强带来的危险（黄奇帆，2022），纷纷出于国家安全的考虑而收缩全球价值链（邢予青，2022）。越来越多的跨国公司发现，区域供应链能够在充分利用区域内各种优惠安排的同时，减少全球性冲击的影响，降低运输成本，使交货期更加稳定（余永定，2022），因此，价值链从全球范围向区域范围重构的特征愈发明显（黄奇帆，2022）。

自 2014 年 11 月亚太经合组织贸易部长会议把"促进亚太地区全球价值链合作"列为会议重点议题以来，亚太价值链已经成为各经济体高度重视的一个重要发展问题（张志明和李健敏，2020）。对全球价值链生产活动的长期参与，使亚太地区已经建立起了一套成熟的生产、加工和销售网络，拥有了较为完整的区域价值链（阙登峰等，2017）。当前，亚太价值链是推动亚太地区经贸合作与经济增长的重要动力，在经济政策不确定性带来的冲击下，亚太各国纷纷对临近的上下游生产环节重新整合，原有的分工模式和分工格局正面临变革。亚太区域价值链的重构与调整为中国带来了新的发展机遇，借助产业链重塑的契机，构建完整、高效、安全的国内及区域价值链体系，并以此为平台优化产业链布局，对于提升中国在亚太整个生产网络中的地位和作用，具有重要意义。

本章后续安排如下：第二部分为经济政策不确定性影响价值链重构的传导机制，提出研究假设；第三部分为实证检验，包括研究设计（指标构建、模型设定和数据说明）和实证研究，提供本文的基准回归结果、异质性分析、理论机制分析、调节效应及稳健性检验；第四部分为结论及政策建议。

第二节 经济政策不确定性影响 价值链重构的传导机制

一、文献综述

（一）经济政策不确定性的测度及其影响

关于经济政策不确定性的度量，现有研究主要分以下 3 个角度：以非经济政策虚拟变量来测度（Julio and Yook，2012），包括政府换届、战争、政治版图变动等；用经济政策（如财政、货币政策）的波动来度量（Fernandez et al.，2015）；文本挖掘法。布卢姆等（Bloom et al.，2013）以芝加哥期权交易所的市场波动率指数构建 EPU 指数；贝克等（Baker et al.，2016）以主流报纸为蓝本，通过识别经济政策不确定性的相关文章构建 EPU 指数；云和保罗（Yun and Paul，2020）在文本法的基础上采用 114 份中国的报纸构建了客观、稳健的中国经济政策不确定性指数。这 3 种方法中，文本挖掘法因算法科学且操作方便，应用得最为广泛，而其中贝克等（Baker et al.，2016）构建的 EPU 指数将所有与经济、政策以及不确定性相关的关键词列入检索范畴，从多个维度刻画经济政策不确定性的特征（杨旭和刘祎，2020），较好地解决了经济政策不确定性在连续性和量化方面的缺陷（刘啟仁等，2020），获得学者们的广泛认同，本书也将选取该方法来测算样本国家的经济政策不确定性。

关于经济政策不确定性所产生的影响，现有研究主要包括对微观经济主体行为如企业出口（陈绍俭和冯宗宪，2020）、商业银行资产避险（邓伟等，2022）、企业投资（Gulen and Ion，2016；饶品贵等，2017）、企业创新（顾夏铭等，2018）的影响；以及对宏观经济效应，如对经济增长、经济周期（Bloom et al.，2013）、投资（杨永聪和李正辉，2018）、出口（黄智和陆善勇，2021）、进口（杨旭和刘祎，2020）、金融资产变量波动（Demir and Ersan，2018）和价格变动的影响（张玉鹏和王茜，2016）。也有些学者考察了经济政策不确定性对一国或企业提升价值链分工地位（郝晓等，2021），以及促使一国参与国际分工的形式与深度（Handley and Limo，2017），分工地位与嵌入程度发生改变（郑淑芳等，2020）的影响。

（二）价值链重构的测度及其影响因素

学界关于价值链重构的研究视角不同，其含义及测度方式也因此有所区别。现有关于价值链重构的测度，多是关注国家整体层面在价值链中的分工和嵌入情况，常用的度量指标包括价值链嵌入度、合作度、关联度、分工地位（王直等，2015；刘源丹和刘洪钟，2021）。具体行业层面的研究，现阶段的研究主要集中于一国与其他国家各产业间的互补与竞争，常见的度量指标包括产品相似性、市场相似性和贸易互补性指数（林清泉等，2021），贸易竞争力指数和显性比较优势指数（张彦，2020），产业内贸易指数、拉菲（Lafay）指数和贸易密集度指数（王金波，2017）等；也有学者通过国际经济周期联动指数重点研究产业结构差异（Duval et al.，2016）。

目前，国内外关于价值链重构的影响因素研究，可归纳为"主动"与"被动"两大视角。"主动"即各国通过对外投资（刘源丹和刘洪钟，2021；钟祖昌等，2021）、参与国际经贸规则制定、产业集聚（邵朝对和苏丹妮，2019）和产业合作（周彦霞等，2021）等形式主动推进区域价值链的重新塑造；"被动"则是指受外界客观环境或经济事件影响，如经济衰退、金融危机、区域贸易协定签订（许亚云等，2020）、贸易摩擦（余振等，2018；何宇等，2020）和疫情冲击（Fukunari et al.，2020）等，被迫推动区域价值链发生重构。

（三）文献评述

现有研究中关于经济政策不确定性和价值链的相关文献较多，这为本书提供了丰富的前期参考，但仍存在一些问题：一是现有文献中从经济政策不确定性角度研究价值链重构的文献相对较少，为数不多的研究仅是针对单一行业或国家（郑淑芳，2020），而近年来经济政策不确定性冲击可能是引发价值链重构的一个主要原因；二是相关文献中测度价值链重构主要从双边合作（刘源丹和刘洪钟，2021；张志明，2022）、贸易结构（周小柯等，2022）、产业竞争（王金波，2017）等视角入手，涉及价值链迁移视角的研究较少且主要为定性分析（成新轩，2019；张彦，2021），缺少定量研究和实证检验，而价值链由全球范围向区域范围迁移是当前价值链重构的一个重要特征（佟家栋等，2020）；三是现有研究中使用的数据大多是 2017 年以前甚至更早的数据，难以反映最新几年由于中美贸易摩擦、新冠疫情等事件引发的变动，而这些国际经济环境的变化和突发事件恰恰是引发经济政策不确定性的主要原因。有鉴于此，本书从宏观视角入手，选用亚洲开发银行最新版的多区域投入产出表 ADB－MRIO 数据库[①]，依据其发布的

---

① ADB－MRIO 数据库：https：//mrio. adbx. online/。

2021 版数据，从价值链迁移的角度①构建价值链重构指数，考察经济政策不确定性冲击对亚太价值链重构的影响，以期更贴近当下的全球经济环境。通过对现有研究的拓展，为中国在亚太价值链重构的过程中更好地兼顾效率和安全提供参考。

二、传导机制研究

参考学者们的研究（赵江林，2016；张彦，2020），本书将区域价值链界定为：一国某行业产品的不同生产阶段分布在一定区域范围内而形成的生产加工体系，是全球价值链的子集。"重构"一词，其本义在于"改变"，这里的"亚太价值链重构"主要指亚太经济体行业价值链结构特征的改变，即生产布局从全球范围向区域范围转变。这一特征的转变，主要体现在价值链参与度的变化和调整上，即"价值链迁移"，也就是价值链从原本的全球范围分工逐步向区域内分工转移的变动趋势。

（一）经济政策不确定性对价值链重构的影响

全球价值链曾为优化资源配置、促进要素分工和提升生产率提供了有利条件。然而，近年来国际经贸领域意外事件频发，经济危机、政治变动、自然灾害、地缘冲突等内外冲击不断，尤其是在中美经贸摩擦和新冠疫情的双重打击下，亚太地区的经济政策不确定性陡然增加（Fernández et al.，2015），这严重威胁到了亚太各国产业链的安全。佟家栋等（2020）指出，疫情等因素造成的经济政策不确定性

---

① 文中的迁移主要指价值链从原本的全球范围分工逐步向区域内分工转移的变动趋势，是价值链重构的一项重要特征。

持续上升可能通过危害产业链安全，从供给和需求两大维度局部性地割裂全球价值链，同时以价值链的前后向关联为渠道对各国经济发展产生威胁。价值链在全球范围内布局越长，涉及的贸易伙伴国越多，越容易遭遇由他国不确定性引致的冲击。此外，经济政策不确定性上升导致的国际物流延滞以及物流成本飙升①也使得全球贸易的风险与成本随地理距离增加而上升，导致全球价值链运行效率降低。在此背景下，各国在价值链贸易中将愈发注重产业链的安全性和稳健性，倾向于缩短链条长度和跨度，将价值链从全球范围向区域范围转移。基于此，本书提出如下研究假设：

H1：经济政策不确定性上升会推动亚太国家的价值链向区域重构。

（二）经济政策不确定性影响价值链重构的理论机制

1. 经济政策不确定性对外商直接投资的影响

海外经营使企业面临更陌生的东道国环境，由此产生了额外的异国经营成本，而东道国经济政策不确定性正是此类成本的具体表现（饶品贵等，2017；Kellard et al.，2020）；同时，东道国经济政策不确定性亦可能改变国际经济关系，如形成贸易壁垒（Baker et al.，2016），进而催生新的投资区位选择。多数研究发现东道国经济政策不确定性上升会阻碍外商直接投资流入（Albulescu and Ionescu，2018；Azzimonti，2019），主要有以下3方面原因：其一，根据实物期权理论，在经济政策不确定性增加的情况下，企业将推迟投资并等待不确定性降低后再做投资决策。具体而言，在企业资产无法自由变

---

① 近年来国际贸易频繁出现集装箱短缺和运费上涨的情况，且由于海运费持续暴涨，部分地区甚至出现运费高于货值的情况。

现的情形下，经济政策不确定性会增加企业投资机会的等待价值，资产交易成本越高，企业越有可能延迟固定资产投资（Bloom，2009）；其二，经济政策不确定性增加，使企业投资的收益率变得更不稳定，进而造成其资产贬值，此时无论是绿地投资还是跨国并购，投资的边际成本都将上升。与此同时，经济政策不确定性上升也将导致企业违约风险增加，加剧银行与企业间的信息不对称（谭小芬和张文婧，2017），金融机构会减少授信及贷款额度并提高贷款利率，造成外资企业融资成本上升，这会显著抑制企业的投资行为（刘贯春等，2019）；其三，东道国经济政策频繁波动使得投资方难以对其跨期偿付能力（Magud，2008）、汇率（Joscha and Robert，2016）、东道国政府行为（Baker et al.，2016）等重要因素进行有效预测（单东方，2020），且东道国经济政策不确定性上升可能引发当地经济衰退，出于对投资风险和收益的双重担忧，跨国企业可能减少对东道国的外商直接投资。

2. 外商直接投资对价值链重构的影响

外商直接投资主要从以下两个方面影响价值链重构：其一，外商直接投资下降减少了外资在东道国的溢出效应（李磊等，2017），东道国缺少外来资金、先进生产技术和管理经验（罗长远和陈琳，2011），其发展进步的速度放缓，在经济政策不确定性上升的背景下难以承担潜在的巨大损失。此时，为了兼顾效率与安全，经济体更倾向于缩小价值链参与范围（张志明，2022），更多地选择近岸外包的形式，参与区域层面的价值链分工，以此来规避风险。作为世界经济贸易中心，亚太地区拥有全球生产链条最多、分工程度最深、价值链贸易规模最大及分工网络最为复杂的区域价值链分工体系（张志明和李思敏，2019）。近年来，亚太区域内部签署了诸如 RCEP 等众多国际关系协定（张晓君和曹云松，2021），区内贸易更加便利，区域内部的资金、劳动力、技术等生产要素的配置也更为优化，对亚太区域经济合作有重要推动作用（张威等，2022）。在此背景下，将价值链布局的着力点从全球收缩至亚太区域，无疑是各经济体在平衡收益与规避风险下的一个更好选择。其二，外商直接投资的下降限制了东道国在全球范围内参与价值链分工。外资的流入是亚太经济体参与全球价值链分工的一个主要形式：部分亚太发展中国家曾依托外商直接投资成功嵌入全球价值链，凭借其劳动力资源优势从事生产、加工环节的跨国贸易（张鹏杨和唐宜红，2018；郑淑芳，2020）；随着技术的进步和政策环境的宽松，越来越多的国际资本也流入发达国家开展跨国并购，使企业在全球范围内顺利参与价值链分工。外商投资的减少则相当于东道国参与全球范围价值链的重要渠道受到限制，转而更多参与国内或本国所在区域内的价值链分工，推动价值链重构。

综上所述，东道国经济政策不确定性上升抑制了外商直接投资的流入，进而导致各东道国国家从参与全球范围的价值链分工转向参与本国所在的区域价值链。基于此，本书提出如下假说：

H2：经济政策不确定性通过影响外商直接投资促进亚太价值链重构。

（三）互联网发展影响经济政策不确定性对价值链重构的作用效果

近年来亚太区域互联网发展迅猛、势如破竹，影响着各国、各区域甚至全球范围的信息传递、物流运输和贸易往来，这会从 3 个方面促进价值链向区域化发展。首先，互联网发展引起的数字技术提升有助于及时将中下游客户需求传递给供应商（Rüttimann et al.，2016），衍生出了智能制造和自动化技术主导下的即时制供应链。① 如果供应商距离需求终端较远,下游市场的需求信号时效性将大幅下降(Pisch,2020)。因此为形成供给弹性更高的即时制供应链,价值链上下游多选择近岸外包,并在空间上更加集聚从而形成邻近市场的区位优势。其次,互联网水平的提高能够推动数字技术发展进而导致劳动力成本的收入贡献度下降,进而增强资本对劳动的替代,引发劳动和资本的要素结构变化,此时发达国家倾向于加速劳动力密集型产业的回流,驱动近岸外包和价值链区域化发展态势(Acemoglu and Restrepo,2019)。最后,随着互联网发展水平的提升,需加大宽带、移动电话、网络基站等基础设施建设从而提升数字技术连通性,各国需要在相对集中的地理范围内进行密集的资本、技术和知识投入,这将加大本国和区域内数字化投资,加速区域价值链的形成。

在互联网时代,各国的货币、税收和监管政策会更频繁地调整,进而加大经济政策的不确定性,推动价值链贸易从全球向区域转移。一方面,互联网金融的快速成长弱化了货币政策对银行风险的调控能力,为防控风险,政府必须加大货币政策的调整力度(喻微锋和郑建峡,2022)和调整频次;另一方面,互联网发展衍生的新型交易形式为税收征管带来挑战,迫使税收政策(高金平和李哲,2019)和监管政策(周小梅和黄婷婷,2020)经常地调整与更新。在此背景下,相比于全球价值链贸易,区域价值链的上下游各国由于区位和历史原因,在支付结算上多有惯例或合作关系,以及关税互惠协定,较少受到政策调整的限制和影响。基于上述分析,本书提出如下假说:

---

① 即时供应是指将自动制造与需求定制灵活结合,快速连接市场和供给端以适应客户需求异质性,并要求上游供应商通过快速响应市场需求来减少库存风险。

H3：互联网发展会强化经济政策不确定性对亚太价值链的重构效果。

第三节　实证检验

一、研究设计

（一）指标构建

1. 经济政策不确定性指数

本书采用贝克等（Baker et al.，2016）构造的 EPU 指数[1]来测度样本国家[2]的经济政策不确定性水平。与前文提到其他测度方法相比，这一指数将所有与经济、政策以及不确定性相关的关键词列入检索范畴，从多个维度刻画经济政策不确定性的特征（杨旭和刘祎，2020），较好地解决了经济政策不确定性在连续性和量化方面的缺陷（刘啟仁等，2020），获得学者们的广泛认同。

2. 亚太价值链重构

在亚太价值链重构指标的设计上，本书参考李惠娟等（2021）的思路，通过亚太各国在全球价值链分工的参与度与其在亚太区域范围内价值链参与度的差异来测算亚太价值链重构情况，以此来反映亚太各国生产布局由全球向亚太区域迁移的程度。基于此，构建 10 个亚太样本国家 35 个细分行业的亚太价值链重构指数如下：

---

① EPU 指数官网：http：//www. policyuncertainty. com/。
② 结合数据可得性，本书选取了 10 个亚太国家作为研究样本：澳大利亚、加拿大、中国、印度、日本、韩国、墨西哥、俄罗斯、美国和新加坡。

$$y1GAP_{ijt} = GVCP_{ijt} - RVCP_{ijt} = \left(\frac{IV_{ijt}}{E_{ijt}} + \frac{FV_{ijt}}{E_{ijt}} \right) - \left(\frac{IV_{ijt}^{h}}{E_{ijt}^{h}} + \frac{FV_{ijt}^{h}}{E_{ijt}^{h}} \right) \quad (3.1)$$

式中，$y1GAP_{ijt}$表示 i 国 j 行业 t 年亚太价值链重构的情况，$GVCP_{ijt}$ 为其在全球价值链的参与度，$RVCP_{ijt}$ 为其在亚太区域价值链的参与度，参与度指数越大，表明其在相应价值链上的参与程度越强。在 $GVCP_{ijt}$ 中，IV_{ijt} 指 t 年 i 国 j 行业在全球范围内的间接增加值出口，FV_{ijt} 为 t 年 i 国 j 行业出口中所含来自全球的国外增加值，E_{ijt} 为 i 国 j 行业对全球的总出口。与此类似，将 i 国 j 行业出口范围限制在亚太区域（h 区域）内，即可计算出其在亚太区域价值链的参与度。

$y1GAP_{ijt}$ 为该样本在全球价值链参与度与在亚太区域价值链参与度的差值，若 $y1GAP_{ijt} > 0$，即 $GVCP_{ijt} > RVCP_{ijt}$，表明 i 国 j 行业参与全球价值链的程度大于参与亚太区域价值链的程度，价值链参与度延续了传统情况，没有发生重构；反之，当 $y1GAP_{ijt} < 0$，即 $GVCP_{ijt} < RVCP_{ijt}$ 时，则表明 i 国 j 行业参与全球价值链的程度小于参与亚太区域价值链的程度，即价值链参与度发生重构，向区域化迁移。需要指出的是，不仅要关注 $y1GAP_{ijt}$ 的正负符号，同时也要关注该指标的动态变化趋势，部分国家及产业尽管重构指数为正，但指数数值呈现逐渐变小的趋势，仍能够表明其价值链参与度在发生重构。

亚太价值链重构指数的测算结果如表 3.1 所示，为便于数据呈现，这里将 35 个行业划分为资源密集型产业、制造业和服务业[①] 3 大类。[②]

---

① ADB–MRIO 数据库共包含 35 个行业，其中资源密集型产业包括：农林牧渔、采石采矿；制造业包括：食品饮料烟草、纺织业、皮革制鞋业、木材制品业、制纸印刷出版业、焦炭及精炼石油和核燃料、化学品、橡胶和塑料、其他非金属矿物、基本金属和装配金属、机械、光电设备、交通设备、制造回收、水电气供应、建筑业；服务业包括：车辆的销售维护及燃料销售、非车辆的销售及雇用贸易、零售业及家具用品修理、酒店和餐厅、内陆运输、水运、航空运输、辅助运输及旅行社活动、邮电、金融中介、房地产、设备租赁及其他商业活动、公共国防和社会保障、教育、卫生和社会工作、其他社会及个人服务、私人家政雇佣服务。

② 本书中 10 个样本国家 13 年内 35 个行业的详细结果备索。

表 3.1 亚太价值链中 3 大产业价值链重构情况

资源密集型	澳大利亚	加拿大	中国	印度	日本	韩国	墨西哥	俄罗斯	美国	新加坡
2008	0.33	0.53	0.03	0.04	0.10	0.31	0.06	-0.29	0.00	0.21
2011	0.35	0.39	0.03	0.00	0.07	0.28	0.16	-0.24	0.01	0.20
2014	0.37	0.48	0.02	0.00	0.12	0.30	0.17	-0.19	-0.01	0.15
2017	0.39	0.46	0.01	0.02	0.10	0.23	0.27	-0.21	-0.03	0.14
2020	0.12	-0.01	-0.04	-0.05	-0.11	-0.04	0.13	0.20	0.18	-0.09
制造业	澳大利亚	加拿大	中国	印度	日本	韩国	墨西哥	俄罗斯	美国	新加坡
2008	0.08	0.40	0.08	0.03	0.05	0.38	0.17	-0.23	-0.10	0.75
2011	0.07	0.35	0.06	0.02	0.05	0.39	0.21	-0.21	-0.10	0.80
2014	0.10	0.39	0.06	0.03	0.12	0.39	0.21	-0.12	-0.09	0.67
2017	0.12	0.37	0.03	-0.01	0.11	0.30	0.34	-0.13	-0.11	0.67
2020	0.04	-0.06	-0.04	0.06	0.04	0.04	0.13	0.22	0.22	-0.07
服务业	澳大利亚	加拿大	中国	印度	日本	韩国	墨西哥	俄罗斯	美国	新加坡
2008	-0.05	0.11	-0.06	-0.02	-0.09	0.18	-0.15	-0.13	-0.19	0.41
2011	-0.04	0.09	-0.11	-0.12	-0.11	0.22	-0.13	-0.14	-0.17	0.43
2014	-0.03	0.09	-0.17	-0.26	-0.12	0.23	-0.16	-0.14	-0.17	0.42
2017	-0.02	0.09	-0.16	-0.28	-0.13	0.17	-0.10	-0.14	-0.19	0.41
2020	-0.03	-0.02	-0.06	0.09	0.03	-0.02	0.12	0.02	0.04	0.03

资料来源：根据 ADB – MRIO 数据库中数据测算而得。

首先，样本国家中资源密集型产业的价值链重构指数大部分为正值，但整体呈下降趋势，整个产业表现出明显的区域性发展趋势。这与东艳和马盈盈（2022）的研究结果一致，对于农林牧渔、采矿采石等资源密集型产业，自然资源和运输便利是选址的重要因素，更多遵循本地化、区域化的发展路径。

其次，制造业的亚太价值链重构指数虽大都为正，但呈逐年下降趋势。自 2008 年金融危机后全球价值链出现暂缓扩张、萎缩等迹象，且贸易增速也进入低迷时期（李坤望等，2021）。2020 年受新冠疫情影响，价值链重构指数下降幅度明显增大，说明制造业在逐步向亚太价值链转移，疫情引起的经济政策不确定性上升，更凸显了区域合作的重要性，倒逼区域价值链的重构与深化。其中加拿大、中国、韩国、墨西哥、新加坡等国的特征较明显，尤其是新加坡在 2008 ~ 2017 年期间亚太价值链重构指数高达 0.6 ~ 0.8，在 2020 年重构指数瞬间跌至 −0.07，原因可能在于新加坡自 2017 年经济陡峭下跌而导致经济政策大幅变动，加之其受外贸主导，且经济体量小，由疫情等因素引起的经济政策变动使新加坡的价值链重构有更强的应激反应；加拿大、韩国等发达国家出于经济安全等多种因素考虑迫切希望加速推动产业回归，将原先分散在全球的生产环节移回区域内。

最后，服务业的亚太价值链重构指数整体呈上升趋势，与制造业和资源密集型产业的情况相反。这可能是由于随着 5G 通信、互联网和数字经济的发展，服务业全球化受贸易摩擦、疫情等外来冲击的影响减小，产业分工更细化，服务外包成为更普遍的趋势（徐奇渊、东艳等，2022）。

（二）模型设定

基于上述分析，构建如下模型考察经济政策不确定性对亚太区域价值链重构的影响：

$$y1GAP_{ijt} = \beta_0 + \beta_1 \ln epu_{it} + \beta_2 Z_{it} + \phi_i + \upsilon_t + \epsilon_{it} \quad\quad (3.2)$$

式中，$y1GAP_{ijt}$ 表示亚太价值链重构指数，$\ln epu_{it}$ 表示 i 国 t 年的经济政策不确定性，本书中采用贝克等（Baker et al.，2016）构建的 EPU 指数，选取 2008 ~ 2020 年的月度数据，按算术平均法转化为年度数据（*epu*）。为减小异方差对实证结果的影响，进行对数处理并最终采用 ln*epu* 对经济政策不确定性进行表征。

Z_{it} 为控制变量组，本书中尽可能控制影响价值链调整的相关因素，以削弱遗漏变量导致的内生性。控制变量包括：①人均资本（ln*hc*），选用年固定资本存量与年就业人数之比来表示（张志明和李健敏，2020）；②经济规模（ln*gdp*），以不变价美元的 GDP 作为经济规模的代理变量（范亚亚等，2021）；③政府消费支出（*ggfce*），以政府消费支出占 GDP 的百分比表示（彭冬冬和林珏，2021）；④自然资源禀赋（*tnr*），采用一国自然资源租金占 GDP 的比重作为自然资源禀赋的代理变量（范亚亚，2020）；⑤人口年龄结构（*pa*），以一国 15~64 岁人口占总人口比重作为代理变量来表征（郝晓等，2021）。

此外，为验证前文的假说 H2，将考虑外商直接投资的传导效应，本书中以 *ifdi* 表示外商直接投资，采用外商直接投资占 GDP 的百分比来表示。为减少数据分布偏态性，本书中借鉴金英姬和张中元（2020）的做法，将 *ifdi* 进行反双曲正弦变换①得到 ln*ifdi*。同时，还考虑了互联网的调节机制效果，本书中借鉴韩剑等（2018）的思路，用互联网普及率作为互联网发展水平 *int* 的代理指标。

模型中 β_0、β_1、β_2 为待估参数，ϕ_i 表示国家固定效应，υ_t 表示时间固定效应，ϵ_{it} 为随机扰动项。

（三）数据说明

书中的解释变量 *EPU* 指数来源于经济政策不确定性官网，被解释变量亚太价值链重构指数来源于 ADB – MRIO 数据库，所有控制变

---

① ln*ifdi* = ln($ifdi + \sqrt{(ifdi^2 + 1)}$)，其中 *ifdi* 为外商直接投资占 GDP 的百分比。

量、中介变量、调节变量数据均来源于 WDI 世界银行数据库。[①]

书中变量有个别数据缺失，采用线性插值法进行补充，并对少数异常值进行缩尾处理，为减少异方差的影响，对部分值较大的正数变量取对数处理，最终的变量描述性统计结果如表 3.2 所示。[②]

表 3.2 变量描述性统计

变量	样本量	平均值	标准差	最小值	最大值
$y1GAP$	4485	0.07	0.290	−1.522	1.241
$y1GAPC$	4485	1.40	1.287	0	6.030
$lnepu$	4550	4.92	0.482	3.296	6.196
$lnepu2$	4550	4.87	0.484	3.228	6.120
$lnhc$	4550	28.21	2.603	24.605	32.570
$lngdp$	4550	28.80	1.056	26.572	30.767
int	4550	66.91	24.34	4.380	96.970
$ggfce$	4550	16.02	3.704	8.858	22.652
tnr	4550	3.29	4.048	0	18.731
pa	4550	68.63	4.346	59.154	78.746
$lnifdi$	4515	1.58	0.842	−0.014	4.164

二、实证研究

（一）基准回归结果

本书中采用控制国家和时间的双向固定效应，检验经济政策不确

---

① https：//databank.worldbank.org/reports.aspx？source = world – development – indicators。
② $y1GAPC$ 是采用全球价值链参与度和亚太区域价值链参与度比值法测算的亚太价值链重构指标，$lnepu2$ 是采用几何平均法测算的政策不确定性指标，两者均为后述稳健性检验中所使用的变量。

定性对亚太价值链重构指标的影响。首先对 2008～2020 年 10 个亚太样本国的 35 个行业进行全样本回归，进而对 3 大类行业进行分组回归以检验行业异质性。

表 3.3 中列（1）基准回归结果显示，经济政策不确定性每上升 1% 将导致亚太价值链重构指数下降 0.00022，表明经济政策不确定性上升时各国更倾向于将价值链重构至亚太区域。米顿（Mitton，2022）指出，在实证研究中，除了要解释结果的统计显著性，也要对结构的经济显著性进行阐述，而且这种做法越来越常见。有鉴于此，本书中同时采用经济显著性来测算经济政策不确定性对亚太价值链重构指标的影响程度。米顿（2022）对经济显著性的测度是依据回归估计系数得到的，采用被解释变量与解释变量标准差相比的变动，相对于其均值的变动来度量。[①] 其计算公式为：$E_{\bar{y}}^s = \left| \dfrac{bs_x}{\bar{y}} \right|$，式中，$b$ 是回归估计中解释变量的系数，s_x 是样本中解释变量的标准差，$\bar{y}$ 是被解释变量的样本均值。根据测算，模型（3.2）的全样本回归中，经济政策不确定性每变化 1 个单位的标准差，意味着全球价值链重构指数变化其均值的 15.15%，表明结果是经济上显著的。

这一结论证实了前文假设，也与近几年的现实情况吻合，在经济全球化进程严重受挫的情况下，贸易保护兴起，区域价值链的重要性凸显，亚太生产网络的参与者充分意识到彼此经济的高度依赖性，只有进一步加强区域合作，才能减少经济政策不确定性给本国经济带来的负面冲击。因此，产业链的区域属性增强，全球化属性减弱，亚太价值链发生重构。控制变量的结果显示，人均资本、经济规模、政府

---

① 根据米顿（2022）的统计，在 2000～2018 年对于经济显著性测算的实证文章中，有 37% 的文献采用了此种方法来度量经济显著性，是使用最多的方法。

亚太经济格局新变化与提升我国在亚太区域价值链中的地位研究 ┃

消费支出、研发投入、自然资源禀赋均与亚太价值链重构指数显著负相关。人均资本、政府消费支出、研发投入越高的行业，往往是生产工序较复杂、技术水平要求较高的行业，在全球不确定性上升的情况下，产业链条越长，面临的不确定性和风险将会越高。基于安全考虑，各国将会有意缩短供应链长度，产业链的区域性布局特征加强。具有自然资源禀赋优势的国家，也由于疫情等外生冲击而物流受阻，导致资源出口困难，更多遵循本地化发展路径，逐步从全球价值链向亚太价值链转变，这也证实了周小柯等（2022）的观点。

表 3.3　经济政策不确定性影响亚太价值链重构基准回归及异质性分析结果

变量	（1）全样本	（2）资源密集型	（3）制造业	（4）服务业
lnepu	−0.022 ** (0.009)	−0.016 (0.026)	−0.025 ** (0.010)	−0.019 (0.016)
lnhc	−0.059 ** (0.026)	−0.027 (0.075)	−0.081 ** (0.032)	−0.042 (0.042)
lngdp	−0.126 *** (0.040)	−0.094 (0.099)	−0.150 *** (0.039)	−0.109 (0.074)
$ggfce$	−0.010 *** (0.003)	−0.011 (0.011)	−0.012 *** (0.003)	−0.008 * (0.005)
tnr	−0.008 *** (0.002)	−0.007 (0.005)	−0.011 *** (0.002)	−0.006 ** (0.002)
pa	0.008 ** (0.003)	−0.002 (0.008)	0.001 (0.004)	0.015 *** (0.006)
_$cons$	5.122 *** (1.080)	3.995 * (2.232)	6.982 *** (1.249)	3.492 * (1.866)

122

续表

变量	（1）	（2）	（3）	（4）
	全样本	资源密集型	制造业	服务业
N	4485	247	2080	2158
R^2	0.076	0.038	0.113	0.088
国家固定	Y	Y	Y	Y
年份固定	Y	Y	Y	Y

注：***、**、* 分别表示在1%、5%、10%的水平下通过了显著性检验；括号中为回归系数标准误。

（二）异质性分析

表3.3列（2）至列（4）给出了经济政策不确定性与亚太价值链重构的异质性检验结果。结果显示，经济政策不确定性上升促进制造业价值链向亚太区域重构，且通过了1%的显著性检验，但其变动对资源密集型产业和服务业影响并不显著，这与前文 H2 假设有所出入。可能是由于制造业内部又分为低技术和中高技术产业，前者由于生产技术相对简单，供应链条较短，价值链更加容易重构，后者由于涉及技术核心和经济安全问题而受政府政策吸引回归国内（徐奇渊、东艳等，2022），因此制造业价值链重构较资源密集型产业和服务业反应更迅速，结果更显著。各控制变量对其影响与全样本下的情况相似，说明制造业在3类产业中最具有代表性。对于资源密集型产业和服务业而言，自然资源禀赋对亚太价值链重构具有显著负影响，人口年龄结构则有正影响，但后者仅对服务业显著，这或许是因为服务业劳动力人口占比越大，越易于接受数字经济、5G 通信等新兴技术的驱动而实现服务业产业分工的细化，并进一步促进其参与到全球价值链分工当中。

（三）理论机制分析

根据假说 H2 的理论分析，经济政策不确定性可能会通过外商直接投资影响一国亚太价值链重构。为验证此机制解释，我们在式（2）基础上构建如下模型：

$$\ln ifdi_{it} = \beta_0 + \beta_1 \ln epu_{it} + \beta_2 Z_{it} + \phi_i + \upsilon_t + \epsilon_{it} \qquad (3.3)$$

$$y1 GAP_{ijt} = \beta_0 + \beta_1 \ln ifdi_{it} + \beta_2 Z_{it} + \phi_i + \upsilon_t + \epsilon_{it} \qquad (3.4)$$

如果式（3.2）、式（3.3）、式（3.4）中的 β_1 均显著，则说明经济政策不确定性通过外商直接投资影响亚太价值链重构。

表 3.4 的第（1）列给出了模型（3.3）的估计结果，$\ln epu$ 的估计系数为负且在 1% 的水平上显著，说明本国经济政策不确定性上升会导致外商直接投资流入减少，这一结果且与现有多数研究的结论相吻合（Gulen and Ion，2016；饶品贵等，2017；Canh et al.，2020）。经济政策不确定性提升，使得外资流入东道国时面临更大的信息不对称性和固定成本，同时导致企业投资的收益率变得更不稳定，因此外商更倾向于减少对当地的投资。表 3.4 中第（2）列给出了模型（3.4）的估计结果，其中 $\ln ifdi$ 系数为正且在 10% 的水平上显著，说明外商直接投资流入的减少会引发价值链向区域层面转移。许多国家尤其是发展中国家原本主要是依靠外商直接投资被动地嵌入发达国家主导的全球价值链，凭借其劳动力资源优势从事低端生产环节的跨国加工贸易，而外商直接投资下降减少了外资溢出（李磊等，2017），使得这些国家的发展不得不面临更大的资金限制，也由此导致其抵御风险的能力降低，为规避风险，亚太各国价值链不得不向亚太区域内收缩。上述结果验证了 H2 的假设，在本国经济政策不确定性上升的背景下，外商企业会减少对本国的投资，进而导致本国价值

链的分布从全球范围收缩至亚太区域。

表 3.4　经济政策不确定性影响亚太价值链重构的传导机制及调节效应检验

变量	（1）	（2）	（3）
	ln$ifdi$	$y1GAP$	$y1GAP$
ln$epu \times int$	\ \	\ \	− 0.001 *** （0.000）
int	\ \	\ \	0.005 *** （0.001）
lnepu	− 0.218 *** （0.018）	\ \	0.034 （0.021）
ln$ifdi$	\ \	0.012 * （0.006）	\ \
lnhc	0.478 *** （0.048）	− 0.040 *** （0.005）	− 0.076 *** （0.024）
lngdp	− 1.172 *** （0.046）	0.012 （0.015）	− 0.113 *** （0.039）
$ggfce$	− 0.038 *** （0.008）	− 0.013 *** （0.002）	− 0.010 *** （0.003）
tnr	0.062 *** （0.004）	− 0.010 *** （0.002）	− 0.007 *** （0.002）
pa	0.039 *** （0.003）	\ \	0.009 *** （0.003）
_$cons$	20.572 *** （1.699）	1.072 ** （0.426）	4.808 *** （1.073）
N	4515	4450	4485
R^2	0.344	0.113	0.083
国家固定	Y	Y	Y
年份固定	Y	Y	Y

注：*** 、** 、* 分别表示在1%、5%、10%的水平下通过了显著性检验；括号中为回归系数标准误。

（四）调节效应

考虑到近年来互联网发展对价值链重构的影响，这里参考学者们的研究（关乾伟等，2021；Lu and Kandilov，2022；王建新和丁亚楠，2022），选择将互联网作为经济政策不确定性影响价值链重构的调节变量。在式（3.2）的基础上，加入经济政策不确定性与互联网发展水平的交互项 $lnepu_{it} \times int_{it}$，来探究互联网发展水平 int_{it} 对经济政策不确定性影响亚太价值链重构的调节效应，模型如式（3.5）所示。

$$y1GAP_{ijt} = \beta_0 + \beta_1 lnepu + \beta_2 int_{it} + \beta_3 lnepu_{it} \times int_{it} + \beta_4 Z_{it} + \phi_i + \upsilon_t + \epsilon_{it}$$

$$(3.5)$$

回归结果如表3.4列（3）所示，结果表明经济政策不确定性与互联网普及率的交互项对亚太价值链重构指数的影响在1%的水平上显著为负，说明互联网的发展会强化经济政策不确定性对一国亚太价值链参与度的重构效果，验证了前文的假设。一方面，这可能是因为互联网发展引起的数字技术提升有助于自动制造与需求定制及时灵活地结合（Pisch，2020），减少上下游之间的信息不对称，通过即时供应渠道推进价值链区域化重构（Rüttimann et al.，2016）；另一方面，互联网可以推动数字技术发展进而导致劳动力成本的收入贡献下降，从而增强资本对劳动的替代（Acemoglu and Restrepo，2019），促使劳动密集型产业回流，驱动近岸外包和价值链区域化发展。

（五）稳健性检验

1. 替换解释变量

本书中借鉴张成思和刘贯春（2018）的方法，采用几何平均的方式重新计算各国的经济政策不确定性指数，[①] 对数化处理后得到数据 lnepu2。新的回归结果如表 3.5 列（1）所示，回归系数为 -0.059，表明经济政策不确定水平的上升，会显著地推动亚太价值链向区域化方向重构，证实了前文基准回归结果的稳健性。通过经济显著性测度发现，经济政策不确定性每变化 1 个标准差意味着亚太价值链重构指数变化其均值的 40.79%，经济上同样显著。

2. 替换被解释变量

这里调整被解释变量的度量方法，用样本行业在全球价值链参与度和在亚太区域价值链参与度的比值 $y1GAPC_{ijt}$，来替换亚太价值链重构指标 $y1GAP_{ijt}$，具体构建方法如下：

$$y1GAPC_{ijt} = \frac{GVCP_{ijt}}{RVCP_{ijt}} = \frac{\dfrac{IV_{ijt}}{E_{ijt}} + \dfrac{FV_{ijt}}{E_{ijt}}}{\dfrac{IV_{ijt}^h}{E_{ijt}^h} + \dfrac{FV_{ijt}^h}{E_{ijt}^h}} \tag{3.6}$$

式中，$GVCP_{ijt}$、$RVCP_{ijt}$、IV_{ijt}、FV_{ijt} 等均与前文含义相同。若 $0 < y1GAPC_{ijt} < 1$，说明 i 国 j 行业全球价值链参与度小于亚太价值链参与度，即价值链参与度发生重构，各国由参与全球价值链向参与亚太价值链转移；若 $y1GAPC_{ijt} \geq 1$，说明 i 国 j 行业的全球价值链参与度大于等于亚太价值链参与度，价值链参与度延续了传统情况，没有发生重构。

替换被解释变量后检验结果如表 3.5 第（2）列所示，经济政策不确定性与 $y1GAPC_{ijt}$ 在 1% 的水平上显著负相关，表现出各国价值链向亚太重构的趋势，结果稳健。通过经济显著性的测度发现，经济政策不确定性每变化 1 个标准差意味着亚太价值链重构指数变化其均值

---

① 几何平均数算法：$lnepu2 = \ln\left(\sqrt[12]{\prod epu_m}\right)$，$m = 1, 2, \cdots, 12$。

的 5.85%，经济上也是显著的。

表 3.5 稳健性检验

变量	(1)	(2)
	$y1GAP$	$y1GAPC$
ln*epu*	\ \	-0.170*** (0.042)
ln*epu*2	-0.059** (0.026)	\ \
ln*hc*	-0.127*** (0.040)	-0.190* (0.114)
ln*gdp*	-0.010*** (0.003)	-0.175 (0.149)
ggfce	-0.008*** (0.002)	-0.053*** (0.014)
tnr	0.008** (0.003)	-0.028*** (0.008)
pa	-0.023** (0.009)	0.000 (0.015)
_cons	5.159*** (1.078)	13.539*** (3.257)
N	4485	4485
R^2	0.077	0.033
国家固定	Y	Y
年份固定	Y	Y

注：***、**、*分别表示在1%、5%、10%的水平下通过了显著性检验；括号中为回归系数标准误。

第四节　结论及政策建议

基于 ADB – MRIO 数据库，本章构建了亚太价值链重构指标，并据此测算了 2008～2020 年亚太地区 10 个样本国 3 大行业的价值链重构情况，结合贝克尔等（Baker et al. , 2016）的 EPU 指数，考察经济政策不确定性对亚太价值链重构的影响效应及其作用机制，并探究互联网发展水平对上述影响的调节作用。结果显示：首先，经济政策不确定性上升总体上推动了价值链向亚太区域重构，其中制造业的价值链重构显著，资源密集型产业和服务业不显著；其次，经济政策不确定性通过降低外商直接投资的流入，而作用于亚太价值链重构；最后，互联网技术的发展会强化经济政策不确定性促进亚太价值链的重构效应。

鉴于经济政策不确定性的上升有助于价值链向亚太区域重构，本书的研究结论对处于价值链"共轭环流"中心的中国有重要的政策启发性。首先，稳定经济政策更新频率。经济政策的推陈出新有利于刺激国家经济脱离瓶颈，但过于频繁的更新也加大了企业预判和适应政策的难度。因此政府应在经济政策"更新"与"维持"之间寻求平衡，稳定节奏并保持一致性，以减少对价值链贸易的冲击。其次，加强互联网建设。利用互联网减少价值链上下游信息不对称所带来的交易成本，增强供需两端互动，实现人力资本的优化配置，促使价值链从低附加值的制造加工环节向高附加值的服务、设计等需求环节攀升。再次，加大产业体系安全保护。中国应在积极参与国际分工的同时建立本国相对完整的产业体系，同时也要全面深化与印度、俄罗斯等新兴经济体间的伙伴关系，避免过度依赖一个或几个国家而在经济政策波动时面临断链风险。最后，深化亚太区域经贸合作。中国应充分利用签署的 RCEP 等协定，切实降低贸易投资壁垒，增加亚太各国的经济依存度，运用好构建新发展格局与促进东亚区域经贸合作的关系，为本国经济发展营造稳定的周边环境。

第四章

中日韩向东盟产业转移对
母国产业结构调整的影响*

　　随着经济全球化的加速，世界各国经济开放度也在不断提升，越来越多的公司不再局限于本国市场，选择跨国经营和全球化布局，同时伴随着各国产业发展阶段的不同以及比较优势的变化，产业结构相应地处于转型和升级的过程中，全球产业链也持续处于动态调整和发展的阶段，进而出现国际产业转移。国际产业转移是一种世界性现象，也是各国经济发展到不同阶段必然会出现的结果。从空间来看，产业链调整有三个方向：外移、内迁、区域重组。这三个调整方向本身是中性的描述，其结果可能有利于本国经济的发展，也可能出现不利的结果。

　　结合世界发展规律，制造业先进国将部分生产环节转移到落后国是由来已久的正常选择。20世纪初英国的制造业大量转向德国，英国的海外投资一度超过了国内投资。近年的例子是，去工业化使得欧洲和美国国内的部分产业和环节转出，先转移到韩国、新加坡、中国

---

　　* 上海对外经贸大学 2021 级硕士研究生杨斯墨对本章的写作亦有贡献。

台湾和中国香港地区建立生产基地，然后劳动密集型产业被转移到其他发展中国家（徐奇渊和东艳，2022）。

由于产业转移是一种长期的要素流动，所以不仅能够拉动东道国的经济增长，也能影响母国的产业结构水平。受到地理位置和历史背景的双重影响，东亚地区的产业转移大致遵循相似的模式。首先，欠发达地区会接纳发达经济体中的劳动密集型行业，并积极引入资本密集型产品和技术，以发展工业基础和实现技术突破。随着经济的发展，那些失去比较优势的产业将被转移到后发国家，同时该国将输出资本和技术。这种产业转移不仅能使东道主获得廉价劳动力、原材料以及丰富的自然资源，还可以推动本国产业结构优化升级，提高生产效率，从而降低贸易摩擦风险。这不仅与经济增长的固有规律相吻合，同时也有力地推动了母国经济的转型和升级。随着时间的推移，国际产业转移已逐步转变为母国产业结构优化和升级的关键途径。

在亚太区域价值链重塑和调整的背景下，东盟逐步显现其影响力，逐渐成为吸引外资的首选目的地。相较其他地区，东盟展现出了显著的后发优势。与此同时，高水平的自由贸易协议的签订以及疫情的有效防控都极大地提升了东盟作为投资目标国家的吸引力。2022年 RCEP 正式生效，这一协定涵盖了东盟各国以及中日韩三国，为加强亚太地区的经济和贸易合作带来了新的推动力。在此之前，中日韩三国就已经先后在不同程度上将国内企业向东盟国家转移。其中，日本在 20 世纪 70 年代就已因贸易摩擦开始产业转移，而中国在过去十年也经历了大量的、快速的国内产业转移。随着"一带一路"倡议的实施，中国向东盟国家的产业迁移规模逐渐扩大，尽管这在一定程度上促进了产业结构的优化和升级，但现有产业仍然被转移到欠发达国家，新产业还没有得到充分的发展，工业在国民经济中的比重逐渐下降，从而导致了"外实内虚"、逐渐萎缩的产业空心化的情况。与新时期对产业结构的要求相比，中国还未能适应经济新常态下的可持续发展战略部署和经济转型的客观要求。

中国与日本、韩国作为东亚文化圈的邻国，不仅在文化上相互交融，经济发展上也存在着强大的互补性（王艺霖，2023）。二战结束后，中日韩三国的经济都遭受了严重打击，而日本和韩国最早从战后恢复过来，并制订了相应的经济和产业政策，经历了20世纪50~90年代的快速增长。而中国则经历了较长时间的艰难探索，经济发展波动较大。正是因为中日韩三国在地理和文化上的相似性、经济快速发展以及产业之间的互补性，日韩产业转移的历史经验对于中国具有很强的借鉴意义。目前，针对中日韩向东盟的产业转移的研究相对较少，在此次大规模的产业转移中，中日韩三国作为东亚重要经济体在向东盟产业转移过程中呈现出不同特征，对各自国家的产业结构调整也产生了差异性的影响。因此，本章将结合中日韩三国产业结构转移的现状，立足中国，对中日韩三国对东盟的产业转移进行研究，分析中国在这次产业转移中扮演的角色，运用实证检验方法研究了在国际贸易和吸收FDI两条路径下，中日韩向东盟产业转移对母国产业结构调整的影响。

第一节 中日韩向东盟进行产业转移的主要方式

目前全球产业转移已经经历了3个阶段，第一次是19世纪下半叶，英国纺织、煤炭等劳动密集型产业向美国转移。第二次是20世纪50年代，美国纺织、钢铁等劳动和资本密集型产业向日本、德国转移。第三次是 20 世纪 80 年代前后，美日韩等国轻纺、汽车、家电、电子等劳动密集型、资本密集型及一般技术密集型产业向韩国、新加坡和我国转移。2008 年至今，我国劳动密集型、资本密集型产业正在向东南亚国家转移。这也是目前全球进行的第四次国际产业转移（刘振中等，2022）。

纵观这四次产业转移的过程，尤其是最近两次，在亚太地区，传统雁形模式仍然是主要转移模式（董小君，2014），低端制造业特别是劳动密集型产业从先进地区转向后进地区，在获得生产能力后，后进地区再次出口到先前转出的先进地区。第四次产业转移中，部分中国的本土企业和其他在中国投资的外商企业向东南亚国家转移，东南亚各国制造的产品再出口至中国、日本和韩国等国。中国作为首次参与全球对外产业转移的新兴国家，同第三次产业转移浪潮中的主要转出国日本和韩国，一并参与了第四次的国际产业转移，此次产业转移的主要承接国为东盟各国，相较于日韩两国，作为第三次国际产业转移的主要受益者，中国也成为了第四次转移的主导者。

自 20 世纪 70 年代以来，日本开始大规模地进行对外产业转移，并随着全球分工水平的不断深化，展现出明确的阶段性特点。在国内外经济环境逐渐恶化的背景下，日本公司选择了对外产业转移，这是为了维持其竞争上的优势。从 20 世纪 70 年代的"雁行模式"产业迁移到 21 世纪后的国际生产网络建设，日本通过明确定位的外部产业转移，取得了显著的经济回报。

从 20 世纪 80 年代开始，韩国由于对重化工业增加了资金投入，导致国内的重化学工业生产能力过剩，这迫使韩国政府进行了新一轮的产业结构调整。

在中美贸易冲突和新冠疫情等多重因素的影响下，中国的产业转移近年来不断扩大。通过梳理中国产业转移历程，可以发现中国产业外迁与中美经贸摩擦的节奏高度一致，通常遵循以下 2 种发展路径：一是"扩大对美出口—加剧与美的贸易摩擦—本国自愿出口限制"，二是"美方进行贸易保护—本国出口数量下降—产业逐步转移"。

国际产业转移的基本方式包括跨国投资、境外贸易、跨国企业协作和外包等多种形式（张自如，2008）。从中日韩产业转移的实际情况来看，中日韩对外产业转移更多表现为投资活动和贸易活动（彭薇，2018）。因此本部分将从中日韩对东盟的直接投资和国际贸易两个维度分析对东盟产业转移的现状。

一、中日韩对东盟的直接投资

近年来，东盟地区已经成为全球关注的投资热点，由于东盟的地理位置接近中日韩等亚洲国家，这些国家在东盟市场中有良好的发展机遇。尤其是 2020 年正式签订 RCEP 之后，以东盟国家为主导的自由贸易协定正式达成。目前中国已经连续多年成为东盟国家的第一贸易伙伴，在东盟占有较高的贸易投资比重。日韩同样也是东盟国家的重要国际贸易伙伴，自 20 世纪 70 年代日本就开始与东盟建立了深厚的国际经济贸易投资关系，韩国也在 20 世纪 80 年代末期与东盟建立了双边联系，并于 1989 年首次建立了部门之间的对话，包括贸易、投资、旅游部门等。中日韩对东盟成员国的直接投资规模是由当地的经济发展水平、市场规模和要素资源等多个因素共同决定的。因此，在对东盟的直接投资方面，中日韩三国之间呈现出明显的国家差异。

（一）中国对东盟的直接投资

1. 投资规模

随着我国国际贸易的不断发展，对外投资不断扩大，已经连续十年维持了其优势的地位。在对外直接投资的存量上，中国已经第三年稳居全球前三名。到 2021 年底，中国在亚洲地区的直接投资所占的比例最高，达到了 79%。其中东盟是我国最大的投资对象之一，已经成为我国重点投资区域。从中国对东盟的直接投资趋势来看，2006 年之前，中国对东盟的直接投资量和存量都相对较少，但从 2006 年开始，这种投资经历了一个迅速的增长阶段。尤其是 2010 年中国东盟自贸区建成后，中国在东盟的投资比例更是直线上升，2016 年，中国对先进经济体的直接投资达到历史新高，2017 年投资金额高达 113.7 亿美元。在对外直接投资方面，从国别分布来看，东盟的成员国总共有 10 个，但这些国家在经济发展的阶段和水平上存在显著的差异。在这些国家中，新加坡的国土面积是最小的，但它是唯一的发达国家，除此之外，它还涵盖了如缅甸、老挝这样的欠发达国家。2022 年，新加坡、印度尼西亚、越南、泰国等七个东盟成员国已经进入了中国对外直接投资流量排名前二十的国家。中国对东盟的直接投资量占到了中国对亚洲区域总投资量的 11.80%。

如图 4.1 所示，2005～2021 年期间，中国对东盟的直接投资在存量和流量上都展现出了上升的态势。2021 年，中国的对外直接投资在存量和流量上都名列全球第三，其中流量比上年增长 16.3%，整体来看，2021 年中国双向投资规模基本相当（商务部等，2022）。2022 年，东盟成为中国对外直接投资的第二大经济实体。在资金流动方面，中国向东盟的 FDI 为 143.84 亿美元，为 2022 年中国 FDI 总额 1329.4 亿美元的 10.82%，比 2021 年增长了 1.3%。截至 2022 年，中国对外直接投资流量中，新加坡等东盟国家均位于前 20 名。这表明中国对东盟国家的直接投资在不断增加，说明中国产业向东盟转移的速度越来越快。仅中国对印度尼西亚、新加坡、泰国和越南这四个国家的直接投资流量，从 2010 年的 23.25 亿美元激增至 2022 年的 149.3 亿美元，呈现出了巨大的增长势头。从投资存量来看，在 2022 年，中国对东盟的直接投资总额达到了 1232.84 亿美元，这一数字占到了 2.3 万亿美元总投资额的 5.36%。截至 2022 年 12 月，中国在东盟通过直接投资的方式已经建立了超过 5000 家公司，并提供了近 50 万的针对外国员工的就业岗位（国际货币基金组织，2021）。

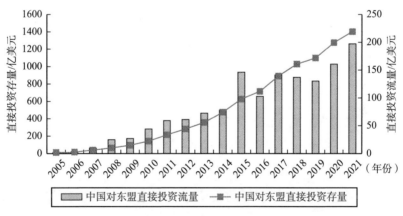

图 4.1　中国对东盟直接投资流量和存量变化趋势

2. 投资行业分布

从产业分布来看，中国对东盟的直接投资中，最大的份额来自第二产业；其次是第三产业，主要包括租赁和商务服务和金融行业。这些数据揭示了中国在东盟投资中的行业布局与重点关注领域。2022

年，中国对东盟的直接投资范围非常广泛，涵盖了所有的投资行业，如图 4.2 所示。在中国对东盟的直接投资行业中，有 8 个主要行业的投资占比高达 89.8%。中国各地区之间的投资结构差异较大，且呈现出明显的梯度性特点。目前，中国对东盟的投资者主要来自浙江、江苏、广东等传统制造业大省，这在一定程度上和这些省份的制造业企业特点相关，例如民营企业多，中小企业多，劳动密集度高，对成本敏感，有一些环保程度不高的行业等（徐奇渊等，2022）。

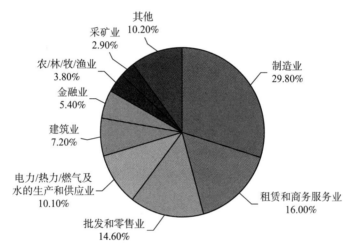

图 4.2　2022 年末中国对东盟直接投资的行业构成

（1）制造业。在对东盟的投资中，制造业投资位列首位，其比例为 29.8%。近几年中国的人口红利逐渐消失、中美贸易摩擦日益加剧，疫情对产业链产生的冲击促使中国企业更加积极地向东盟地区转移。在此背景下，我国制造业"走出去"战略也正在稳步推进。近几年，代表性的大型跨国企业如三星、富士康和 LG 逐步将其业务从中国转移出去。为了追求成本上的优势和投资的优惠政策，这些公司选择将其生产线迁移到东盟地区（林梅和叶好，2022）。2022 年，中国对东盟的制造业投资规模达到了最高点，总投资额为56.71亿美元，同比增长了26.1%，占总投资的43.5%。纺织服装/服饰业和纺织业是国内投资者数量最多的行业之一。中国投资东盟制造业的主要目的是为了寻找新的市场机会，提高生产要素的组合效率，并缓解家电、轻纺等传统制造业内部竞争和产能过剩的问题。相比于东盟国家，中国制造业企业在技术和管理方面更为先进，因此在东盟地区进行制造业投资具有明显的竞争优势。

从另一个角度看，中国向东盟的产业迁移主要是通过制造业来实现的（张帅，2021），首先，以越南、印度尼西亚和柬埔寨为代表的东盟国家已经接手了中国在鞋类产业方面的转移。尽管中国在全球鞋类的生产和出口上居于领先地位，但其出口市场却持续萎缩，从2014年开始，中国的鞋类出口量和出口总额都呈现下降趋势。同时，东盟各国在鞋类的生产和出口方面都取得了迅速的增长。目前，全球鞋业大企业纷纷开始在东盟地区布局，并逐渐减少其在中国的生产能力。比如说，宝成、丰泰以及钰齐–KY等都在越南、印度尼西亚和柬埔寨积极地进行投资和建厂，同时也在加快产能的扩张步伐，而在2022年，越南和印度尼西亚的鞋类总产量占到了东盟鞋类总产量的83%（东盟，2022）。东盟各国在全球鞋类出口市场上的竞争能力持续上升。2022年，全球鞋类的总产量达到了约250亿双，其中越南以其约14亿双的产量和5.4%的全球总产量排名第三，并且其鞋类产品全部用于出口。随着外国投资的增长和国际订单的增加，东盟各国的鞋类出口呈现出强劲的增长势头。其次，越南、柬埔寨和缅甸接手了中国纺织产业中较低端的分工内容。随着全球经济一体化进程加快，各国贸易量大幅增加。自2012年开始，中国的服装出口市场经历了持续的萎缩，出口总额以平均2%~3%的幅度逐渐减小。鉴于东盟各国人力资源成本相对较低，中国纺织行业的一批领军企业如鲁泰 A、联发股份、百隆东方以及成衣制造巨头申洲国际等，都在越南、柬埔寨、缅甸等国快速扩张产能。加上美国对中国服装征收的额外关税，部分海外订单逐渐从中国出口至东盟各国。东盟国家中越南已经崭露头角，成为紧随中国和孟加拉国之后的全球第三大纺织和服装出口大国。从 2013 年的 180 亿美元飙升到 2022 年的 390 亿美元，其纺织和成衣市场已经覆盖了全球超过 100 个国家和地区；柬埔寨与缅甸的纺织和服装产品出口量也呈现出快速增长的趋势①。

另一个值得关注的是，电子制造行业外资企业在转向东盟各国（贺生龙，2016）。由于中国电子自主品牌的竞争力逐渐提升和劳动力成本的增加，一些外资企业开始逐渐从中国撤出，转而在劳动力成本更为低廉的东盟地区进行产能布局。例如，韩国三星自从 2008 年在越南成立其首家工厂以来，三星在越南的投资活动一直在加强。在 2022 年，三星在越南的四大子公司实现了 658 亿美元的收益，而三星手机在越南的生产能力约占全球的 50%。除此之外，LG、英特尔、微软和富士康也在越南建立了工厂，其中大量订单都来自中国市场。

（2）基础设施。对建筑业和交通运输仓储业的投资也占有一定比重。中国在柬埔寨等国的投资主要集中在基础设施建设领域。比如，中国的企业在柬埔寨和缅甸对炼油厂和机场进行了投资建设，又在老挝积极包揽水电和铁路项目，而在越南则负责水处理厂、管道和其他公共设施的建设。

（3）第三产业。2022 年，中国在对东盟的直接投资中，第二大行业是批发和零售业，这类行业吸收了 22.69 亿美元的投资。租赁和

---

① 数据来自联合国商品贸易统计数据库：https：//comtrade. un. org。

商务服务、批发和零售业都是中国投资东盟的重点行业，这些行业都是以服务为主导。伴随着东盟各国网络购物的兴起，其消费者所附有的消费潜力也在不断被挖掘。因此，中国的外商直接投资不仅集中在传统制造业、采掘业和基础设施建设等领域，还逐渐转向了服务业。为了拓展市场、增加商品的流通以及加速劳务和人才的交流，中国持续增加对东盟各国服务业的投资。在第三产业领域，中国的企业在东盟国家的投资主要集中在银行金融、IT 服务、电子商务和通信等多个产业。其中，拼多多、字节跳动和京东等众多头部互联网企业在东盟飞速扩张，抢占市场。

（4）其他。其他五个主要行业的投资占比相对均衡，特别是电力/热力/燃气及水的生产和供应业投资占比从 2008 年的 21.4% 下降到 2019 年的 8.6%，降幅显著。在 2022 年，中国对东盟的投资主要集中在第二产业（占 47%）和第三产业（占 48.1%），两者的比例相当接近。

（二）日本对东盟的直接投资

1. 投资规模

日本早在 20 世纪 60～70 年代就已经与东盟国家建立了密切的投资贸易关系。进入 21 世纪之后，日本高度重视与东盟在各种区域框架下开展合作，到 2008 年 12 月，《东盟—日本全面经济伙伴关系协议》（ASEAN – Japan Comprehensive Economic Partnership，AJCEP）签订时，日本与七个东盟成员国之间的双边经济伙伴关系协定（EPA）已生效。2001～2006 年间日本由于自身经济发展需求以及国际投资发展目标，在东盟的投资规模持续扩大，一度成为东盟最大的投资合作伙伴。但 2008 年金融危机期间，日本在东盟的投资出现了明显的下滑。日本海外净资产总额排在全球第一，连续多年稳居全球最大债权国的位置。在对东南亚国家的投资上也大有领跑全球的趋势，尤其是对东盟十国的直接投资。日本是东盟对话伙伴国中第四大外国直接投资来源国，投资重点是在基础设施建设领域。日本庞大的商业集团在日本政府与准政府机构的大力支持下，其对东盟的投资规模仍处于绝对领先地位。《经济学人》中文章称，2015 年，日本政府启动了"高质量基础设施合作伙伴关系计划"（PQI），为东南亚国家基建提供资金。2016 年，PQI 作为"自由开放的印太战略"的一部分再次被公之于众，日本借此将其外交政策目标与投资优先事项联系在一起。随着 2018 年 12 月 CPTPP 的生效，日本在东南亚的投资进一步增加。2019 年，日本制订了通过独立行政法人日本国际协力机构对东盟十国的投资倍增计划。受疫情影响，2020 年日本对东盟的直接投资时隔 4 年出现减少趋势，约为 2.3 万亿日元（约合人民币 1347亿元），占日本对外投资的 12.2%。优则倍思（UZABASE）旗下的金融信息平台 SPEEDA 的数据显示，2020 年日本企业在东盟国家的并购案数量达到 145 件。日本经济产业省 2021 年 7 月公布的"第 50次海外事业活动基本调查"结果显示，日本在亚洲各国的现地法人共计约 1.74 万家，其中东盟十国的现地法人比例连续 9 年增加，日本企业进驻最多的东盟国家依次为印度尼西亚、马来西亚、菲律宾和泰国（张秋菊，2006）。2021 年，从日本流向东盟的外国直接投资高达 200 亿美元，存量突破 2500 亿美元（见图 4.3）。

2. 投资行业分布

从投资的行业分布来看，随着东盟国家基础设施建设规模的逐渐扩大，虽然日本在东盟多个行业都有投资，但投资较为集中，比如电气、运输、化工、有色金属，除此之外也在加强对金融保险业、通信业等非制造业投资。当前，日本在东盟的投资主要聚焦于矿业、制造和批发零售领域，其中矿业占据了首位，投资占比为45.62%，制造业紧随其后，占比24.53%，如图4.4所示。很长一段时期内，日本的海外投资战略是出于对资源的寻求和对更低廉的劳动力的关注，希

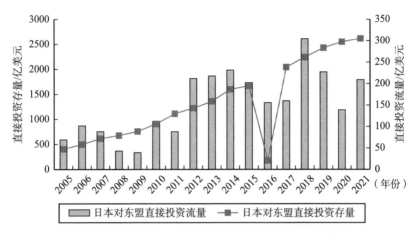

图4.3　日本对东盟直接投资存量和流量变化趋势

资料来源：东盟.2022年东盟投资报告［R/OL］.https：//unctad.org/.

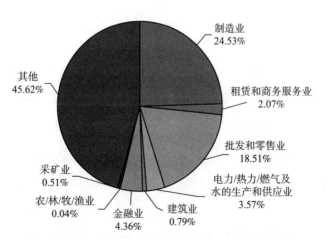

图4.4　2022年末日本对东盟直接投资的行业构成

资料来源：日本财务省（https：//www.mof.go.jp/english/index.htm）。

望借此来解决本国的资源缺陷和缓解人口老龄化的问题。日本的研究学者认为集中性的投资会影响新兴产业的投资，导致其他国家在新兴产业投资方面超过日本。在 2020 年之后，随着 RCEP 的签订，日本也认识到了新兴产业投资的重要性，与中国等多个国家展开了多方合作，加大了对新兴产业的投资与研究（曹琳，2024）。

（三）韩国对东盟的直接投资

1. 投资规模

进入 21 世纪以来，东盟—韩国关系快速发展。2007 年韩国—东盟自贸协定生效，这是韩国和巨大的经济组织签订的首个 FTA。东盟是韩国的第五大贸易市场，也是拥有 6.32 亿人口、GDP 增速达 4.7% 的庞大市场，其重要性不言而喻。自此，韩国对东盟的直接投资水平显著提升。自 2008 年下半年，全世界经济开始衰退，但韩国对东盟的直接投资一直维持持续增加的势头。特别是 2010 年，韩国对东盟的投资流量创造了历史最高纪录。在 2011 年和 2012 年出现短暂下降之后，一路上升，到 2021 年，韩国对东盟直接投资的存量已突破 500 亿美元大关（见图 4.5）。

2. 投资行业分布

从投资的行业分布来看，韩国在东盟的主要投资领域是金融和制造业，特别是对金融领域的投资，主要集中在新加坡，占比达到 46.14%，而制造业的投资紧随金融业之后，其占比为 31.22%，如图 4.6 所示。韩国在东南亚地区对利用低廉劳动力的行业（如纤维/缝制、鞋、玩具等）进行直接投资，为了抢占本地市场的直接投资也活跃，针对印度等资源富国确保资源型的直接投资也逐渐增加。随着东南亚国家产业发展的软件及硬件条件日渐成熟，基于产业结构调整以及产业转移的需求，韩国开始瞄准这一区域。这些投资有助于促进双方经济的合作与发展，也为韩国企业提供了更广阔的市场和发展机会。2017 年 11 月，时任总统文在寅访问印度尼西亚、越南、菲律宾三国，提出了"新南方政策"，将韩国与东盟国家的合作提升到了与周边四强国家合作相同的水平。

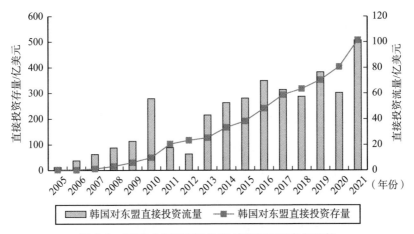

图 4.5　韩国对东盟直接投资存量和流量变化趋势

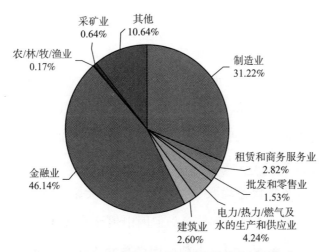

图 4.6　2022 年末韩国对东盟直接投资的行业构成

资料来源：东盟 . 2022 年东盟投资报告［R/OL］. https：//unctad. org/.

（四）投资国别构成

从中日韩三国对东盟直接投资的国别来看，新加坡是最受投资者青睐的地区。新加坡在基建和政治体制的开放上都展现出了其独特的优势，而得益于其特殊的地理位置，新加坡始终被视为国际上的关键交通节点。此外，新加坡在高科技产业方面取得了相当显著的发展，具备在知识和技术密集型产业领域的相对优势。迄今为止，中日韩对新加坡的投资总额在东盟各国中排名第一，如图 4.7 所示。在 2021 年的 1 月至 10 月期间，中资企业在新加坡的承包工程市场上签订的新合同金额已经突破了 30 亿美元的大关，与前一年相比，增长了超过 50%。目前，中国新派遣的劳务人员总数约为 4.5 万人，而新加坡则是其派遣的第二大目标国家。

另外，中日韩对印尼的直接投资在近些年持续上升，这显示了其在市场上的巨大潜力。印尼因其庞大的人口基数和广阔的国土面积而拥有巨大的消费潜力。2000~2008 年，日本对印尼的投资持续出现高额负债问题，主要原因是当时的亚洲经济危机不断恶化，使得很多企业从印尼撤资，这一情况维持了 6 年之久，2013 年日本对东盟的投资主要集中于印尼、越南、新加坡等地，其中对印尼的投资规模最大，投资总额高达 2440 亿日元（曹琳，2024）。2021 年，中日韩在印尼的投资总和高达 269 亿美元（东盟，2022），这使其成为中日韩在东盟的第二大投资目标。

随着越南经济快速增长，人们消费能力大幅上升，市场潜力明显，吸引了诸多外国企业的注意。但因中越等关系紧张，中国在越南的投资受到很大影响，而日本和韩国已意外成为最大的两个受益者。中国企业从越南退出，而日韩两国迅速补位，且发展迅速。目前，日本成为越南市场的最大投资者，韩国企业也紧跟其后，在越南进行能源、娱乐、零售等各领域的投资。根据日本贸易振兴机构数据，2011年至2014年，与之前4年相比，日本企业在越南的直接投资增长3倍多，至90亿美元；2013年和2014年，韩国在越南的投资总额为26亿美元，几乎比之前两外国投资管理机构报告显示，在2013年，越南共为韩国投资项目颁发了3400个经营牌照，注册资本额大约达到260亿美元（时代金融，2015）。韩国对印度尼西亚和越南等新兴国家的投资势头一直很猛。尤其对越南的投资，以制造业、金融保险业和房地产租赁业为主，呈现大幅增加的趋势。

此外，老挝因拥有与中日韩互补的丰富自然资源，吸引了大量资源寻求型直接投资流入，主要集中在第一和第二产业。相对而言，对于像柬埔寨和缅甸这样经济规模较小的国家来说，中日韩向这些国家的直接投资比例相对较低。尽管菲律宾和文莱目前的投资规模相对较小，但得益于它们独有的优势，未来仍有明确的投资潜力。

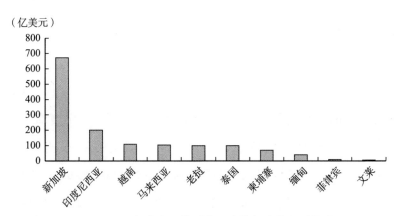

图4.7 2021年末中日韩对东盟直接投资的国别构成

资料来源：东盟.2022年东盟投资报告［R/OL］.https：//unctad.org/.

二、中日韩—东盟的区域内贸易规模

（一）中国—东盟的双边贸易情况

在区域内贸易方面，相较于日韩，中国政府对此做出了更多的尝试，目前，中国—东盟自由贸易区发展势头强劲，促进了该区域各国的经济增长。随着中国与东盟的贸易交往日益紧密，自贸区的整体发展呈现出积极的趋势。数据显示，从 2020 年开始，东盟已经崭露头角，一跃成为中国的最大贸易合作伙伴，而对于东盟而言，中国也是最重要的贸易合作伙伴。2003 年至 2022 年这 19 年的时间里，中国与东盟之间的双边贸易额从 782.55 亿美元激增至 6419.55 亿美元，使得整体贸易规模增加了近 9 倍①。随着双方经济合作不断深化，双边贸易结构发生较大变化，在货物贸易中，服务贸易占比上升。在这 19 年期间，中国向东盟的出口金额从 309.27 亿美元上升至 3602.83 亿美元，增长了 11 倍；中国从东盟的进口金额从 473.28 亿美元激增至 2816.73 亿美元，增长幅度近乎 5 倍。2010 年中国与东盟自贸区正式成立，双方达成了超过 80% 的商品零关税协议，这极大地促进了双边贸易的增长，到 2020 年，双边贸易额比 2003 年增加了 8 倍。目前来看，虽然双边贸易规模不断扩大，但仍存在一些问题。在 2010 年之后的三年时间里，双边贸易额一度突破 4000 亿美元的大关，呈现出快速增长的态势。然而，由于多种不可预见的因素的影响，2015 和 2016 年的双边贸易额出现了一定程度的下滑，这主要是

---

① 数据来源：联合国商品贸易统计数据库（https：//comtrade.un.org）。

由全球经济明显的下行趋势所导致。从 2017 年起，双方的贸易额又一次呈现出稳定的增长趋势。

首先，从出口的角度来看，2003～2022 年中国—东盟区域内出口贸易一体化呈现出先降后升的趋势，在 2003～2007 年的四年间有轻微下降，而后整体呈现上升的趋势。

其次，在进口方面，区域内的贸易一体化水平呈现出先上升后下降再上升的趋势。在区域内出口贸易一体化最初下降的四年时间里，区域内的进口贸易一体化水平却呈现出相反的缓慢上升趋势。然而，在 2007～2011 年的四年时间里，进口再次出现了轻微的下降，但从 2011 年开始，就一直保持了稳定的上升趋势。从数据中可以观察到，在中国与东盟的区域内，出口贸易的份额明显低于进口贸易的份额。这表明中国与东盟区域的出口贸易一体化程度稍微低于进口贸易的一体化程度。这可能是因为中国和东盟成员国大量的加工贸易产品和初级产品被出口到区域外的发达国家。特别是在早期，中国作为一个"世界工厂"，显著加强了这种影响，从而降低了区域内出口贸易的占比。从宏观贸易的角度看，中国与东盟之间的贸易整合程度持续稳定上升，从 2003 年的 20.78% 增加到 24.46%。特别是在 2014 年以后，这种增长更为显著，这表明中国与东盟在经济和贸易合作方面，如自由贸易区的创建和升级，对该地区的贸易整合起到了显著的推动作用。

到 2022 年，东盟已经连续三年成为中国第一大贸易伙伴。2022 年中国对东盟货物贸易进出口总额达到 6.52 万亿元，同比增长 15%；出口总额为 3.80 万亿元，同比增长 21.7%，进口总额为 2.72 万亿，同比增长 6.8%（见图 4.8）。

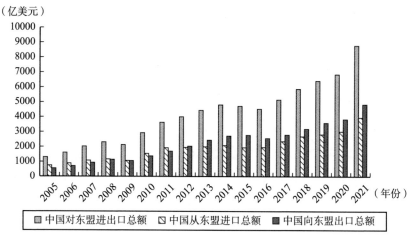

（亿美元）

图 4.8 2005～2021 年中国—东盟双边贸易情况

资料来源：东盟 . 2022 年东盟投资报告 ［R/OL］. https：//unctad. org/.

（二）日本—东盟的双边贸易情况

日本历来将东南亚作为能源、原材料供应地以及出口与投资市场，21 世纪以来，日本与东盟开展了广泛的合作。2001 年，日本对东盟的出口额为 545 亿美元，仅次于对美国的出口额（1217 亿美元）和对欧盟的出口额（647 亿美元），占日本出口总额的 13.5%，是日本第三大出口对象。到 2003 年，东盟主要国家与日本的双边贸易额增至 1077.636 亿美元，其中东盟主要国家向日本出口增至 500.433 亿美元，从日本的进口增至 577.203 亿美元（张秋菊，2006）。然而，从关税方面看，东盟却是对日本商品征收进口关税最高的地区。从单纯平均关税税率看，美国为 3.6%，欧盟为 4.1%，中国为 10%，韩国为 16.1%，马来西亚为 14.5%，菲律宾为 25.6%，泰国为 25.8%，印尼为 37.5%。由此可见，对日本来说，与东盟建立自由贸易区在降低关税方面的潜力很大，可以获得最大的贸易促进效果。自 2005 年开始，日本与东盟就开始了自由贸易的谈判。2008

年，日本与东盟签订关于双边自由贸易协定的协议，该协议被称为东盟与日本全面经济伙伴协定，也是日本与区域签署的第一个自贸协定，该协定不仅包括货物贸易，而且包括服务和投资领域。自此，日本与东盟 10 国实现了贸易自由化，将形成一个人口规模超过欧盟的共同市场，为日本与东盟国家的经济合作与整合创造条件。据日本 ASEAN 中心 2018 年的数据，日本对东南亚诸国的进出口贸易额达到 25 万亿日元，占日本进出口总额的 15%。以电子机械、服装、木制品为例，日本从东南亚诸国进口的制成品已占到日本制成品进口总额的 67%。日本成为继美国、中国、欧盟之后，东南亚国家的主要贸易对象（申玉环、吴三叶，2023）。2020 年日本对东盟的出口额达 11.58 万亿日元，从东盟进口达 11.76 万亿日元。2021 年，东盟—日本双边贸易额达到了 2402 亿美元，同比增长 17.2%，超过疫情前水平，这也使日本成为东盟第三大贸易伙伴。

（三）韩国—东盟双边贸易情况

韩国国土面积狭小，能源资源，尤其是石油、天然气贫瘠，矿物、农林资源自给率都很低，且消耗较大。虽然一直是世界排名前列的石油消费大国，但是韩国的石油自给率不到 4%，几乎完全依赖进口。而随着人口增长，韩国对能源与粮食的绝对需要大大增加，而经济的长足发展也越来越离不开能源资源的支持。韩国开拓资源进口途径势在必行。东盟成员国拥有丰富的农业、森林、海洋等资源，尤其是矿藏资源储量巨大，大量出口天然气与石油。从地缘位置上看，韩国与东盟也较为接近。因此，韩国很重视与东盟之间的贸易往来，自 2007 年实施贸易协定以来，不断致力于减少贸易壁垒，2021 年，将双方差距缩小至 1.3 倍（东盟秘书处，2022）。目前东盟已成为韩国的第二大贸易伙伴，同时，韩国会根据东盟不同国家的特点在不同领域进行合作。例如，同泰国进行的"泰国4.0"战略，加强了两国在尖端技术领域的合作；同缅甸的合作是在基础设施、电力、能源等方面出口韩国的优势产业。通过寻求与东盟的经贸合作，促进韩国能源的多元化进口，而能源合作又有利于进一步推动双方经贸合作的发展（李杨，2016）。2020年双边贸易额为1438亿美元，较2006年（618亿美元）增长了1倍多。韩国对东盟的出口额达到890亿美元，高于2006年321亿美元的水平（澎湃新闻，2021）。

第二节　中日韩向东盟产业转移的动因及其分解

一、中日韩向东盟产业转移的动因

东盟拥有丰富的资源、庞大的人口和良好的市场潜力。从2008年开始，尽管全球经济陷入了低迷，东盟的11个成员国在这样的背景下却展现出了经济增长的缓慢趋势，这使得该地区成为少数几个引人注目的"亮点"之一。得益于其地理位置的天然优势，东盟与中日韩三国的贸易往来变得越来越紧密。从另一个角度看，东盟庞大的市场前景和快速扩张的中产阶级已经变成了中日韩三国企业热衷的投资目的地。

根据前文中对中日韩对东盟产业转移主要行业的分析，结合对国际产业转移理论的研究，认为中日韩对东盟进行产业转移的原因主要有以下几点。

（一）基于贸易摩擦产生的转移

本轮中美贸易摩擦始于 2018 年 3 月，双方经过三轮五次互征关税，于 2020 年 1 月 15 日达成第一阶段协议。中美贸易摩擦导致中国对美国的出口通过借道东盟转变为对东盟地区的出口。美国对中国出口产品加征关税举措的直接影响是部分产品绕道东盟，这部分产品既可能再出口至美国，也可能用于补充东盟市场上的产能不足。2018 年 11 月开始，中国对美出口开始呈现负增长，同时从其他经济体进口增速反弹，与亚太地区的加拿大、墨西哥、越南和韩国贸易关系进一步深化。以中高端制造业产品为例，受中美贸易摩擦影响，2019 年中国对美汽车及零部件、机电设备、计算机产品出口增速均呈现不同程度下降，同时从韩国、东盟等地区的进口上升。中美贸易摩擦加速了部分低端制造业向东盟转移。短期来看，鉴于东盟产能容量及技术水平，中国电子电气、机械制造和其他制造业等中高端制造业向其大规模转移的可能性不大（徐奇渊等，2022）。

而随着对产品加征关税持久性预期的上升，中美贸易摩擦由短期冲击转变为产业转移的催化剂，继而带来产业转移相关出口的上升，加速东亚地区产业链格局的重构。随着中美冲突的加剧，东亚区域分工体系的变革会带来中国部分产业向东盟转移。由于追逐稳定的预期、较低的劳动力成本和较高的制度规则，很多企业开始谋求向外进行产业转移，其中资本品占比最多，风险敞口最大的商品部门是电子电气业，服务部门是航空运输业。依托相对低廉的成本优势，东盟吸引了大量来自中国转移的出口。同时，很多研究发现 2019 年美国自中国进口萎缩的部分很大程度上被越南替代，越南的比较优势在于其出口商品在很大程度上能与加税清单产品匹配，进而快速补缺（野村证券，2019；Reed and Romei，2019）。

（二）基于经贸协定产生的转移

到 2002 年，东盟已经发展成为一个自由贸易区。此后，东盟开始和中国、韩国、日本建立自由贸易区。2010 年，中国—东盟自贸区启动。自贸区建成后，东盟和中国的贸易额占世界贸易总额的13%，成为一个涵盖 11 个国家、19 亿人口、GDP 达 6 万亿美元的巨大经济体，是发展中国家间最大的自贸区。2011 年成立了东盟—韩国自贸区，这是韩国和巨大的经济组织建立的首个自由贸易区。2012年成立了东盟—日本自贸区。东盟的经济和中日韩有巨大的互补性，成立自贸区有利于地区的经济发展，这种自贸区被称为东盟"10 + 3"。

区域性经贸规则的建立，在不同程度上对中日韩向东盟进行产业转移起了催化作用。区域经济与贸易的集团化趋势，尤其是东亚地区外的一体化速度加快，对东亚构成了巨大的挑战。随着全球经济的持续增长，各国都在制订新的外交策略以扩大其经济增长的机会。中国通过实施"一带一路"倡议，在对双边政治和文化有深入了解的基础上，加速了与东盟的区域经济整合（杨翠红等，2020）。与此同时，中国政府也推出了针对中小企业海外投资的优惠政策，这极大地促进了企业与东盟的国际贸易和直接对外投资。

同样地，日本在 20 世纪 80 年代就已经与东盟确立了实质性的经济和外交联系。1977 年"福田主义"政策的实施意味着日本和东盟已经站在了长期经济合作的起始点（刘振中、严慧珍，2022），从那时开始，日本与东盟的经济合作主要聚焦在贸易、投资和官方援助方面。从那时起，日本主要依赖其对外经济战略来推动国内产业的增长，这种对外产业的转移策略对其国内的经济增长起到了巨大的推动作用。

与此形成鲜明对比的是，在 RCEP 开始执行之前，韩国并未真正融入区域合作，这使得它在国际竞争日益加剧的背景下，难以享受到区域合作所带来的好处；从另一个角度看，由于自由贸易区对区外贸易伙伴的某些限制，韩国在自由贸易中遭受了某种程度的歧视，这也给韩国带来了巨大的压力。为了补偿其在全球经济合作中的损失，韩国必须加强与区内的合作。

（三）基于比较优势而产生的转移

一方面，在中日韩三国中，相较于日韩两国，中国过去的快速发展主要依赖人口红利，庞大的劳动力数量以及低廉的工资使得中国的制造业迅速发展，且主要为劳动密集型产业。但是随着中国的人口结构老龄化和人口出生率的降低，中国劳动力数量不断减少，人口红利逐渐消失，另一方面，随着中国义务教育的普及和推广，劳动力的质量对比之前有了较大提升，劳动力成本自然也随之上涨，所以许多劳动密集型产业寻求向中国周边具有更廉价劳动力资源的发展中国家转移（李媛媛，2019），包括越南、柬埔寨、泰国、印度尼西亚和马来西亚，中国对这5个国家的产业转移中制造业占比最高（东南亚国家联盟，2022），具体产业包括鞋业、纺织服装业和电子制造业。

除了劳动力资源，中国周边发展中国家也具有比较丰富的矿产资源，但是由于这些发展中国家的勘测技术以及开采能力的不足，所以中国对这些国家的采矿业直接投资也较多。最为典型的是巴基斯坦，其拥有丰富的煤炭、盐矿和冶金矿产资源，该类资源的储蓄量排名均在世界前列。此外，印尼等国家矿产资源也较为丰富，因此，对电力、热力、燃气以及水的生产和供应的投资在中国对这些国家的直接投资中所占的比例也相对较高。

相较于中国，日本和韩国的国土较小，资源匮乏，市场和劳动力都面临较大的限制。然而，东盟国家拥有丰富的自然资源，如天然气和石油，劳动力价格低廉，且是劳动力输出的主要地区。因此，将东盟国家作为本国产业转移的目的地，可以有效地弥补日韩两国的劣势，降低生产成本，实现高额利润（刘海云和聂飞，2015）。

二、中日韩向东盟出口贸易和吸收 FDI 的分解方法

学术界普遍认为，国际产业的转移主要是通过国际贸易和吸引外国直接投资这两个核心途径，以实现资本、技术等资源在发展中国家和发达国家之间的流通。因此，现有文献在研究国际产业转移的指标时，大部分采用国际贸易和吸收外商直接投资两个指标来测算国际产业转移的情况（周伟，2022），但该指标无法较准确地表示对东盟的产业转移。本书中采用基于传统贸易流的全面分解框架（杨盼盼等，2022），从国际贸易和吸收 FDI 中发生产业转移的部分中提取构建指标，可以更准确地测度国际产业转移的情况。

基于前文的梳理和指标选取的时间，本书中将中日韩向东盟进行产业转移的动因归纳为三类，分别是中美贸易摩擦（DS_t^c）、贸易协定以及东盟劳动力成本和自然资源的比较优势。第一个维度是中美贸易摩擦带来的产业转移。其中中美贸易摩擦仅针对中国向东盟进行的产业转移，因为在研究时间内，日韩均没有受到较为严重的贸易摩擦，中美贸易摩擦导致的产业转移是指在美国宣布增加关税后，中国的商品会通过东盟再间接出口到美国，但随着监管的加强，这种转移可能会变得不那么明显。再者，对于在中国和东盟都可以生产的商

品，在增加关税之后，东盟取代了中国，成为与中国相似产品的美国出口渠道，而东盟内部的短缺问题则依赖于从中国进口。这两种情境都导致了中国对东南亚的出口量上升，本书中将这两种结果加总视为中美贸易摩擦带来的产业转移。第二个维度是贸易协定带来的产业转移。东盟各国参与了多个经贸协定，因此，中日韩三国因追求稳定预期、低廉的劳动力成本和较高的制度规则导致的产业迁移部分，视为贸易协定带来的产业转移。第三个维度是中日韩与东盟国家存在互补性特征，主要是劳动力和自然资源的差异带来的产业转移。这部分转移是即使没有外部贸易摩擦的冲击也会自然发生的产业转移。

通过识别由这三类因素产生的国际贸易和吸收 FDI，来衡量对东盟的产业转移，如图 4.9 所示，下面是具体的分解步骤。

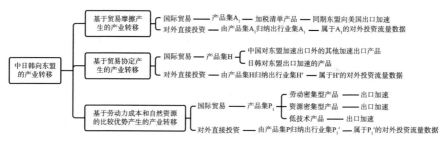

图 4.9　分解框架

（一）基于贸易摩擦产生的产业转移

首先，确定需要征税的商品清单。通过对中国向东盟出口的各类商品进行匹配，成功地从中筛选出 J1 种需要征税的商品。

其次，将加征关税的影响设定为加税清单商品中出口数量加速的部分。在 J1 种清单商品中，识别出中国向东盟出口速度加快的商品。出口速度加快是指相对于没有贸易摩擦的情况下，出口规模有所上升。给出如下假设：当中国没有遭遇贸易摩擦时，商品的出口规模将按照过去三年的平均增长速度计算。美国对中国加征第一批关税的时间为 2018 年，因此采用 2018 年商品的出口规模作为基期，计算 2015～2017 年商品出口的同比增速的平均值，然后进行线性外推，从而得到 2018 年（第 t 期）的商品出口规模基准值，即在没有遭遇贸易摩擦的情况下，按照历史增长速度计算的出口规模：

$$\overline{X_{j,t}^C} = X_{j,t-2}^C \left(1 + \frac{\sum\limits_{s=2}^{4} x_{j,t-s}}{3} \right)^2 \qquad (4.1)$$

式中，$x_{j,t}$ 为 t 期的 j 商品对应的出口同比增速。加速商品的判断为：

$$GAP_{j,t}^C = X_{j,t}^C - \overline{X_{j,t}^C} \qquad (4.2)$$

当 $GAP_{j,t}^C > 0$ 时，产品被标识为 2018 年加速出口的清单产品，从而形成了产品集 A。经过第二步之后识别出的产品 $j \in A$。

再次，在产品集 A 里添加了额外的条件，以识别在同一时期东盟向美国的出口速度也在加快的商品，并最终确定了由于贸易摩擦直接影响而加速出口的商品。识别方法与前一步的方法是一致的，定义东盟向美国出口产品的缺口为 $GAP_{j,t}^{C,US} = X_{j,t}^{C,US} - \overline{X_{j,t}^{C,US}}$，$GAP_{j,t}^{C,US} > 0$ 时，此类商品是受贸易摩擦的直接冲击而导致出口速度增加的消费品，最终得出的消费品组成产品集 A_1（A_1 从属于 A）。按照上述的识别流程，最后确定了由于中美贸易摩擦而产生的基于国际贸易的产业转移部分。

最后，根据产品集 A_1，归纳出产品集对应的行业集 A_1'，统计出中国对东盟 FDI 中属于 A_1' 的流量数据，得到因中美贸易摩擦而产生的基于吸收 FDI 的产业转移部分。

（二）基于贸易协定产生的产业转移

第一步，将第一类分解里中国对东盟出口速度增加外的其他产品

（加速产品）和日韩对东盟出口加速的产品也加入其中，从而形成产品集 H，将该产品集中的加速部分看作因贸易协定导致的产业转移，这体现了东盟加入高水平自贸协定对生产转移造成的广泛影响：

$$TR_t^{I2} = \sum_{o \in H} GAP_{o,t}^I \qquad (4.3)$$

第二步，根据产品集 H，归纳出产品集对应的行业集 H'，统计出中国对东盟 FDI 中属于 H' 的流量数据，得到因贸易协定而产生的基于吸收 FDI 的产业转移部分。

（三）基于劳动力成本和自然资源的比较优势产生的产业转移

第一步，根据 SITC3 中的不同劳动和技术密集型产品分类，我们可以将这些产品划分为四个主要类别：劳动密集型和资源密集型、低技能和技术密集型、中技能和技术密集型、高技能和技术密集型产品。鉴于中日韩三国与东盟国家之间劳动力成本和自然资源的密集程度不同，基于劳动密集型、资源密集型和低技术产品的产品转移，整体上是与比较优势理论相吻合的，因此，这部分产品可以被分类为产品集 P。

第二步，在产品集 P 里识别中日韩三国向东盟出口加速的商品。出口加速被定义为出口的规模相对于没有发生大规模产业转移时出现上升，如果没有大规模的产业转移，那么产品出口将继续保持过去三年的平均趋势。陈雪琴（2014）对主要发达国家对东盟的产业转移的研究发现，2013 年主要发达国家的 FDI 和制鞋企业的生产份额出现明显的增长，同时，根据国家统计局发布的《2012 年国民经济和社会发展统计公报》，2012 年我国劳动力供给绝对数量第一次出现下降，这表明我国的劳动力要素禀赋已经发生了标志性的转向。考虑到雇佣市场的滞后性，大规模产业转移的基期可以选择 2013 年，同时计算 2010 ~ 2012 年期间商品出口的同比增速的平均值，然后进行线性外推，得出 2013 年（第 t 期）的基准值，即在没有大规模产业转移的情况下，按照历史增速的出口规模：

$$\overline{X_{k,t}^T} = X_{k,t-2}^T \left(1 + \frac{\sum_{s=2}^{4} x_{k,t-s}}{3}\right)^2 \qquad (4.4)$$

式中，$x_{k,t}$ 为出口的同比增速。定义缺口为：

$$GAP_{k,t}^T = X_{k,t}^T - \overline{X_{k,t}^T} \qquad (4.5)$$

当 $GAP_{k,t}^T > 0$ 时，将其识别为出口在 2013 年加速的产品，构成产品集 P_1。经过第二步之后识别出的产品 $k \in P_1$

第三步，根据产品集 P_1，归纳出产品集对应的行业集 P_1'，统计出中国对东盟 FDI 中属于 P_1 的流量数据，得到因由劳动力成本和自然资源的比较优势产生的基于吸收 FDI 的产业转移部分。

最后，将上述三个类别得出的产品集中，发生重叠的产品去掉，余下的产品集加总即为国际贸易和吸收 FDI 中发生产业转移的部分。

三、中日韩向东盟出口贸易和吸收 FDI 的分解结果

本部分详细分解了 2005 ~ 2022 年期间，中日韩三国向东盟的出口以及直接对外投资数据。本部分使用了产品层面的六位码双边出口数据和行业层面的直接投资流量数据，这些数据涵盖了中日韩出口至东盟和中国出口至美国的数据以及中日韩对东盟的直接投资数据，数据来源于联合国商品贸易数据库（UN Comtrade）。对于数据编码，本部分采用了 HS2012 编码，这是由于 HS2017 编码只包括了 2017 至 2022 年的数据，而在本部分的分解中需要使用最早到 2005 年的数据。

在分析过程中，本部分采用以下官方资料作为依据：首先，美国

对中国加征关税的产品清单文件，该文件用于确定受到关税加征的产品。本部分使用了美国于 2018 年 9 月 24 日和 2019 年 5 月 13 日发布的第三和第四轮商品加征关税清单。值得注意的是，第四轮清单中，1200 亿商品的加征关税税率从 15% 降低到了 7.5%，这一数字明显低于前三轮的 25%，而其他 1600 亿美元商品则未受到关税加征。关税清单采用的是 HS2017 的 10 位编码，前 6 位与 HS6 位码相同，而后 7～10 位则由各国自行决定。考虑到出口数据采用的是 HS6 位码，本部分选择了关税清单编码的前 6 位，并与出口 HS2012 的 6 位码产品进行了匹配。其次，本部分需要明确产品在劳动与技术密集程度上的分类。根据 UNCTAD 的产品分类标准，将产品划分为劳动密集型与资源密集型、低技能与技术密集型、中等技能与技术密集型、高技能与技术密集型产品四个主要类别。

（一）中国向东盟出口贸易和吸收 FDI 的分解结果

本部分分别将中日韩三国向东盟出口和直接对外投资按动因区分为贸易摩擦、贸易协定和劳动力、自然资源的比较优势三个不同维度。

从分解的情况来看，中国对东盟产业转移的主要特征有：第一，中美贸易摩擦对中国向东盟出口的影响较大，从分解情况来看，由中美贸易摩擦直接带来的出口上升占所有出口的 7.6%，中国对东盟 2022 年的出口中有约 15.83% 的出口贸易额与中美博弈的冲击相关，但中美贸易摩擦对中国向东盟直接投资带来的影响相对较小，占比为4.87%，可能是由于东盟对美国出口贸易中与中国的竞争效应大于互补效应，导致此部分占比较低。

第二，基于贸易协定带来的出口和直接投资分别占总出口额和直接投资总额的 2.98% 和 3.90%；常规性的比较优势带来的出口和直接投资占比最高，其中直接投资流量的上升占所有投资总量的 18.63%，说明相较于前两种动因，比较优势是导致产业转移的主要动因。

综上所述，中国对东盟产业转移的三大动因中，自然资源的比较优势是引起中国企业向外转移的主要原因，但近几年受到中美贸易摩擦的影响，被列入加税清单的商品出口量有明显的上升趋势，由贸易协定带来的产业转移占比最低，相较协定生效前，此类产业的转移比例有所提升。

（二）日本向东盟出口贸易和吸收 FDI 的分解结果

相较于中国向东盟的产业转移，第一，日本向东盟的产业转移在比较优势的维度体现得更加明显，其中日本在对东盟的出口和对外直接投资中，发生产业转移的部分占总量的比例分别为 34% 和 65%，这是基于日本在人口基数和地理条件上相较于中国的天然劣势，在日本老龄化问题长期存在的情况下，东盟地区的劳动力成本和运输环境会是日本进行产业转移的主要动因。第二，在贸易协定这一动因下，日本发生产业转移的出口额和直接投资分别占相应总额的 17% 和 29%。日本在加入东盟区域的贸易协定后，东盟区域的贸易壁垒建立，日本逐步将原来位于印度的企业转移至泰国、越南等东盟国家。

（三）韩国向东盟出口贸易和吸收 FDI 的分解结果

对东盟区域的直接投资，第一，韩国发生产业转移的行业和日本重叠性较高，集中在汽车及其零配件、服装生产等劳动密集型产业。基于比较优势产生的产业转移占比较中国更高。

第二，对东盟区域的直接投资方面，韩国发生产业转移的动因较日本更为明显，因东盟贸易协定导致的发生产业转移的出口产业集中在汽车及其零配件、电子电器、半导体、机械等产业，这些产业的产品出口额占总出口额的一半左右。

第三，基于自然资源的比较优势和劳动力成本方面，与日本的老龄化社会现状相同，韩国在对东盟的直接投资中有 62.5% 为此动因引致的产业转移，韩国相较于日本，国内产业集中度更高，大型企业和私有小企业的差距悬殊，各项产业对东盟国家的依赖度更高。目前中国在第四次产业转移中，因比较优势产生的转移占出口总额和对外直接投资总额的比例，相较日韩更低，行业集中度相较日韩也更低。

第三节　国际产业转移对母国产业结构的影响

学术界普遍持有的观点是，国际产业的转移主要是通过国际贸易和吸引外国直接投资这两个核心途径来实现资本、技术等资源在发展中国家和发达国家之间的流通。

一、国际贸易路径下的产业结构升级

在全球贸易一体化的背景下，国际间的贸易量持续上升，导致跨国家的产业结构联系更为紧密。因此，国际贸易和产业结构的关系日益成为学者关注的热点之一。通常，不同地区的生产要素和产业结构相异，国际贸易对产业结构的影响主要是通过比较优势来实现的。为了充分利用各地区的比较优势并实现最大的比较收益，各国都在通过市场机制来加强彼此之间的贸易往来。因此，随着国际贸易的发展和扩大，各国间贸易总量也随之增多。然而，国际贸易的增长不仅仅体现了两国之间贸易量的增加，也体现了各国之间产业依赖关系的逐渐加强。

一方面，由于进出口贸易活动的频繁进行，贸易结构也随之发生了变化，这进一步推动了产业结构的升级（程颖慧和杨贵军，2023）。这种作用在很大程度上取决于一国的宏观经济环境以及本国产业所处的国际地位和竞争优势等因素。各个国家的经济发展程度各不相同，因此，在国际贸易中，通过比较优势来影响产业结构的变化方式也常常存在差异。以发达国家和发展中的国家作为例子进行阐述。

发达国家通常会利用其在技术和管理方面的比较优势，首先开发出新的产品以形成国内市场。当国内市场接近饱和状态时，它们会转向海外市场，大规模地出口这些产品，并通过前后关联效应来推动产业的持续发展。此时，发展中国家通过引进国外先进生产技术，借鉴其经营经验，提高本国企业技术水平，实现技术进步，从而带动经济增长。当这些国家模仿并通过技术创新建立了生产实力后，它们会将产品以更优惠的价格返回到发达国家的市场，这有助于推动国内相关产业的收缩，并集中资源研发新的产品以及发展新的产业。这样做不仅有利于本国经济增长，同时还可以带动相关产业发展，成功地实现了产业结构的新旧更替，从而推动了产业结构的持续优化。对于发展中的国家来说，它们首先是通过进口该产品来拓展国内市场。随着市场的不断发展，企业可以利用自身在生产要素方面的比较优势，有效地降低生产成本，并有机会将产品出口到新兴市场。这不仅促进了各自国内产业结构的转变，进出口的构成也在持续地调整，从而使得两种类型的国家产业结构之间的关系变得更为紧密。从总体来看，各国都是通过国际贸易来实现自身的经济增长与发展，从而带动本国或地区的产业结构演进。这便是通过国际贸易来推动产业结构向更高层次发展的基础机制之一。

事实上，在当今贸易全球化的背景下，每一个国家在进行对外贸易活动时，都将扮演出口者和进口者的双重角色，这也意味着它们将同时扮演相对于发达国家和发展中国家的角色。因此，要想促进我国经济长期稳定健康发展，就必须从进出口两个角度入手进行结构调整。在出口领域，依据本国的比较优势进行生产，提升高附加值产成品或中间品的技术水平，并通过技术传播等手段，充分利用前后关联效应，利用出口贸易结构的变化来推动产业结构的升级；进口方面，利用国内市场扩大消费需求促进经济增长，通过国际分工实现产业结构调整和优化升级。在进口领域，要更加重视国内的资源短缺和高新技术产品的进口，利用对外贸易的相对优势来弥补国内的劣势，克服发展上的障碍，并通过调整进口贸易结构来促进产业结构的高级化和合理化。

另一方面，关税政策在国际贸易中对一个国家的产业结构调整起到了指导性的作用。由于贸易保护主义倾向和国内市场价格机制失灵，各国普遍征收了各种形式的进口保护税。随着经济增长，除了资源型产品外，大多数国家减少或不征收出口关税，导致出口关税在关税体系中所占的份额逐渐减少。因此，进口关税对我国产业结构产生了一定影响。

在市场调节机制的影响下，各企业都追求最大化自己的利益，更倾向于投资于预期利润较高的项目或行业。由于关税水平与一国经济发展状况密切相关，所以，关税壁垒成为各国政府调控本国经济的重要手段之一。关税的构成及其变动会对产业布局造成很深的影响，主要是通过调整不同商品的税率，从而改变特定产业的增长趋势。此外，由于关税税率下降后，会产生新产品需求的增长，从而导致新产品的供给增加，促进了该产业内部各部门之间的相互转移。在前述的情境中，与自由贸易环境相比，该行业可以获得更高的附加收益。此外，随着关税水平的上升，该产品在市场上的竞争力会不断下降。高利润率的吸引力不仅存在于吸引企业家投资于该产业，还会吸引多种生产要素投入到该产业中，从而最终改变当前产业结构的比例，引致产业结构的调整。

二、国际投资路径下的产业结构升级

现有国际投资理论表明，对外直接投资不仅促进了母国生产资源的国际配置，还可以产生逆向技术溢出效应，这种技术溢出对母国的技术水平和创新能力有着显著的提升作用。

对外直接投资会通过产业转移效应、产业关联效应和产业竞争效应三种效应对国内产业升级产生推动作用（谢璟葳，2022）。第一，产业转移效应，可以理解为边际产业转移效应，是指将国内已经或即将失去比较优势的边际产业转移至东道国，释放国内的生产要素资源，促进国内的制造业升级，其中最经典的案例便是日本。20世纪60年代至70年代，日本通过对外直接投资转移边际产业，使国内产业由纺织制造行业转型升级至电子制造行业，再转型升级至半导体元器件制造行业及家电、汽车制造行业。这些经验被韩国等东亚的新兴工业化经济体学习后，也帮助这些经济体实现了制造业转型升级。

第二，产业关联效应是跨国企业进行海外投资后，由于产品、资源、技术的需求和供给发生变化，对产业链上下游企业的生产活动产生影响的一种效应。在此方面，日本的家电制造业是典型的案例。例如，中日韩作为亚洲的三大经济体，通过对东盟投资将国内发展潜力小的产业向外转移至东南亚，利用东南亚丰富且低廉的自然资源和劳动力要素获得成本优势，在国际上延长传统产业链条，同时集中发展国内新兴产业和高技术产业，实现本国产业升级（陈志恒和高婷婷，2020）。20 世纪 90 年代，日本家电制造业为扩张海外市场，将家电生产中的非核心零部件制造环节转移到海外，国内留下技术密集度更高的研发环节。在海外投资的企业缩小了日本家电企业与市场的距离，更直接地获得了世界不同地区的市场反馈，并针对这些反馈对产品及服务做出及时的调整。通过这种方式，日本的家电产品也很快地走向世界。

第三，产业竞争效应，是制造企业进行海外直接投资后，更加直接地面对国内竞争和国际竞争，通过这种竞争促进国内制造业产业升级的作用效应。当发展中国家对发达国家进行对外直接投资时，跨国企业通过 OFDI 能够学习东道国先进的技术和管理经验，并通过产品流动、人员流动将其引入国内进行消化吸收，提高企业的技术和管理水平，或进一步取其精华去其糟粕，将东道国技术与母国技术相结合进行技术再创新，最后通过示范效应和竞争效应，使其他公司主动或被动进行科技创新，从而推动国内技术进步，促进产业结构升级（杨秀云等，2024）。马修斯（Mathews，2006）通过对全球化进程中多元化特征问题的探讨，认为 OFDI 企业可以利用"资源联系""杠杆效应""干中学"三种效应吸收转化国外先进技术，进而形成自身比较优势，最终促进国内产业结构升级。技术进步的途径主要包括技术引进、模仿创新和自主研发三种形式（黄凌云等，2018）。部分学者指出，跨国公司通过对外直接投资能够有效学习东道国先进技术，并利用公司内部传导机制向母国进行技术转移，这是东道国逆向技术溢出渠道和母国产业结构升级的驱动力量（李平和苏文喆，2014；毛其淋和许家云，2014；李国学，2017）。20世纪90年代，海尔集团开始建立海外市场网络，在海外投资建厂，产品设计走向国际化，提升了自身品牌的国际竞争力。同时，海尔集团将在发达地区学习的技术和产品生产标准带回国内，被国内其他家电企业学习改进，使中国家电制造业的整体国际竞争水平得到提升（谢璟葳，2022）。

第四节　中日韩向东盟产业转移对母国产业结构调整的实证研究

一、模型构建与变量选取

（一）模型设定

在本部分的研究中，核心问题是中日韩三国对东盟进行以国际贸易和FDI为主要方式的国际产业转移，对母国产业结构调整的影响，所以以上文中产业转移理论、动因分析以及对东盟各国家承接产业转移的现状分析为基础构建实证模型。鉴于数据的可得性和有效性，选取中日韩三国2005～2022年的季度数据，以中日韩三国对东盟进行国际贸易和对外直接投资流量数据中发生产业转移的面板数据作为研究样本。在本章的实证分析研究中，将采用以下控制变量进行分析：人均收入水平、高新技术产业发展水平和金融发展水平。

为检验中日韩东盟产业转移对母国产业结构调整的影响，建立如下回归模型：

$$\ln H_{it} = C + C_1\ln Y_{it} + C_2\ln X_{it} + C_3\ln FDI_{it} + C_4\ln EX_{it} + \varepsilon_{it} \quad (4.6)$$

$$\ln R_{it} = D + D_1\ln Y_{it} + D_2\ln X_{it} + D_3\ln FDI_{it} + D_4\ln EX_{it} + \varepsilon_{it} \quad (4.7)$$

式中，H_{it} 和 R_{it} 分别表示产业结构高级化程度和产业结构合理化程度，是对原始数据进行加工处理得到，其中 $i = 1$，2，3，分别代表中国、日本、韩国，t 代表年份；Y_{it} 是各国的人均 GDP，通过当年的价格来表示人均数值，以此来衡量推动产业结构升级的供需因素；X_{it} 是控制变量的影响系数构成的向量。FDI_{it} 表示吸收 FDI 中发生产业转移的部分，作为影响产业结构升级的外商直接投资路径下的自变量；EX_{it} 表示各国对东盟的出口额 EX 中发生产业转移的部分，作为国际贸易路径下影响因素的自变量。ε_{it} 表示模型中的随机误差。为了研究产业转移对不同收入水平的母国的产业结构影响是否存在异质性，在上述模型的基础上，加入了代表收入水平的虚拟变量 S，构建了如下回归模型：

$$\ln H_{it} = C + C_1 S \times \ln Y_{it} + C_2\ln Y_{it} + C_3\ln X_{it} + C_4\ln FDI_{it} + C_5\ln EX_{it} + \varepsilon_{it}$$

$$(4.8)$$

$$\ln R_{it} = D + D_1 S \times \ln Y_{it} + D_2\ln Y_{it} + D_3\ln X_{it} + D_4\ln FDI_{it} + D_5\ln EX_{it} + \varepsilon_{it}$$

$$(4.9)$$

在本部分的分析中发现产业结构的调整会受到多种因素的作用。一个国家的人均收入与其消费水平之间存在正向关系。随着人均收入的逐渐增长，人民的消费水平也在持续上升，有利于扩大需求的规模和需求层次，从而对产品供给提出更高的要求，推动一国产业结构水平的优化和升级。本部分中控制变量使用国家统计局的人均 GDP 的数据，并以对数的方式展示了市场规模中供需因素对产业结构调整的影响，以增强模型的解释能力。

产业结构调整的高级化程度和合理化程度是通过不同的指标来衡量的。根据现有的研究资料，并且考虑到季度数据的可获取性较低，本部分选择了第二、三产业产值之和与地区 GDP 的比例作为衡量产业结构高级化程度的指标。

针对产业结构合理化的表示，多数文献倾向于采用泰尔指数作为评价指标，但该指标的计算涉及三大产业的就业人数，国家统计局对人数的统计基于年份，缺乏季度人口数据，因此出于对样本量的考虑，本部分中采用田新民（2012）提出的基于 Hamming 贴近原理的 Hamming 贴进度计算方法，来计算三次产业结构与标准结构偏离差的平均值，以此来衡量产业结构的合理性。具体的计算公式如下：

$$R = 1 - \frac{1}{n} \sum_{i=1}^{n} |S_i^d - S_i^t| \qquad (4.10)$$

虚拟变量 *high* 的取值分别为 0、1、2，代表收入水平由低到高。根据三个国家的基本经济情况，中国相较于日韩两国的收入水平较低，由于 2020 年受到新冠疫情的影响，所以本书按 2019 年三国人均 GDP 的水平进行划分，中国人均 GDP 为 1.03 万美元，为低收入，日本人均 GDP 为 4.04 万美元，为高等收入，韩国人均 GDP 为 3.18 万美元，为低收入。

根据文献综述中影响产业结构的因素，本部分中还添加了以下控制变量：①高新技术产业发展（*G*），使用各国高新技术产业的进出口数据来评估其发展规模，因为技术的进步可以有效提高劳动效率，优化产业链条，从而推动产业结构向更高层次发展。②金融发展（*J*），采用金融机构贷款本外币与金融机构存款本外币之比来表示。金融规模增长及结构优化能够促进技术进步，从而推动产业结构调整。为了同时消除异方差和在不改变变量变化趋势的前提下减少数据单位的大小，对变量进行了对数变换。变量定义及数据来源如表 4.1 所示。

表 4.1 变量定义及数据来源

变量	名称	模型	含义	数据来源
被解释变量	产业结构高级化	H	第二、三产业产值之和与地区 GDP 的比值	世界银行、国家统计局
	产业结构合理化	R	Hamming 贴近度计算方法	世界银行、国家统计局
解释变量	出口额 EX 中发生产业转移的部分	EX	前文框架分解所得	联合国商品贸易数据库
	吸收 FDI 中发生产业转移的部分	FDI	前文框架分解所得	商务部、国家统计局
控制变量	人均 GDP	Y	GDP/人口总量	世界银行
	高新技术产业发展	G	高新技术产业进出口额	世界银行
	金融发展	J	金融机构贷款本外币与金融机构存款本外币之比	世界银行

（二）描述性统计

由表 4.2 可知，三国的产业结构高级化水平的均值为 20.3728，标准差为 0.2534，最小值为 17.2363，最大值为 22.3791，说明三国产业结构整体以第三产业为主。产业结构合理化的均值为 22.3422，标准差为 0.1627，最小值为 18.2349，最大值为 24.1582。三国 lnEX 的均值为 25.7638，标准差为 0.4263，最小值为 22.4259，最大值为 27.2842，说明三国发生产业转移的贸易额存在较大差异。lnFDI 的均值为 27.2783，标准差为 0.4373，最小值为 24.2945，最大值为

29.6118，说明三国对东盟的直接投资流量有很大差别，与前文论述相符。人均 GDP 的均值为 9.6283，标准差为 0.2738，最小值为 8.1839，最大值为 10.9273，说明中日韩的收入水平差距较大。高新技术产业发展水平均值为 4.2618，标准差为 0.1263，最小值为 3.2639，最大值为 5.5566，中日韩在高新技术产业上的投入差异较小。金融发展水平对数均值为 0.6823，标准差为 0.0273，最小值为 0.4217，最大值为 0.8293，说明中日韩三国相较于高新技术产业发展水平的差异较大。

表4.2　　　　　　　　　　　　描述性分析

变量	样本量	均值	标准差	最小值	最大值
ln$H$	216	20.3728	0.2534	17.2363	22.3791
ln$R$	216	22.3422	0.1627	18.2349	24.1582
lnEX	216	25.7638	0.4263	22.4259	27.2842
lnFDI	216	27.2783	0.4373	24.2945	29.6118
ln$Y$	216	9.6283	0.2738	8.1839	10.9273
ln$G$	216	4.2618	0.1263	3.2639	5.5566
ln$J$	216	0.6823	0.0273	0.4217	0.8293

二、实证分析和检验

（一）相关性检验

如果模型存在严重的多重共线性问题，会导致后续多元回归分析的结果不具有现实意义，因此，在进行回归分析前，使用方差膨胀因子（VIF）来检验变量之间的多重共线性，结果如表4.3所示，VIF

的峰值为 7.49，低于 10；VIF 值的平均值为 3.98，这意味着这个回归模型并没有出现严重的多重共线性问题。

表 4.3　　　　　　　　　　　VIF 检验结果

变量	VIF	1/VIF
$\ln H$	7.49	0.134
$\ln R$	6.82	0.147
$\ln EX$	4.53	0.221
$\ln FDI$	3.19	0.313
$\ln Y$	2.86	0.349
$\ln G$	1.65	0.606
$\ln J$	1.37	0.729
Mean	3.98	—

（二）回归分析

根据数据类型和以往研究，本部分采用固定效应模型进行回归分析。同时，考虑到某些因素会随时间变化以及个体因素可能对回归产生一定的影响，因此采用了双固定效应模型来进一步控制年份和个体效应，结果如表 4.4 所示。

表 4.4　　　　　　　　　　　回归分析结果

变量	(1)	(2)	(3)	(4)
	$\ln H$		$\ln R$	
$\ln EX$	0.3682 *** (3.53)	0.3458 *** (3.53)	0.4314 *** (5.86)	0.4314 *** (5.86)

变量	（1）	（2）	（3）	（4）
	lnH		lnR	
lnFDI	0.214 *** (1.23)	0.220 *** (2.01)	0.4478 *** (8.13)	0.3892 *** (8.13)
S		−0.2783 *** (−1.56)		−0.3648 *** (−2.83)
lnY	0.6577 *** (3.86)	0.9039 *** (4.99)	0.1910 (1.52)	0.1131 ** (1.69)
lnG	3.6461 *** (7.95)	4.4613 *** (3.87)	0.5596 (−0.99)	0.0136 (0.05)
lnJ	10.99 *** (8.15)	28.6851 *** (6.41)	0.9332 (0.51)	2.7618 ** (3.17)
Cons	21.376	21.692	14.294	15.026
N	216	216	216	216
R – squared	0.3971	0.4718	0.2817	0.5281

注：*** 、** 分别表示通过1%、5%显著性水平检验；括号内为 t 值。

表 4.4 第（1）列为模型（4.8）回归分析结果，可以看到解释变量 lnEX 的系数为 0.3682，lnFDI 的系数为 0.214，在 1% 的水平上显著为正，说明中日韩对东盟的出口贸易将显著提高母国的产业结构高级化水平，中日韩对东盟的出口贸易每增加 1 个百分点，平均意义上将会使其产业结构高级化水平提高 0.3682 个百分点，对外直接投资每增加 1 个百分点，平均意义上将会使其产业结构高级化水平提高 0.214 个百分点。第（3）列为模型（4.9）回归分析结果，可以看到解释变量 lnEX 的系数为 0.4314，lnFDI 的系数为 0.4478，在 1% 的水平上显著为正，说明中日韩对东盟的出口贸易将显著提高母国的产业结构合理化水平，中日韩对东盟的出口贸易每增加 1 个百分点，

平均意义上将会使其产业结构合理化水平提高 0.4314 个百分点，对外直接投资每增加 1 个百分点，平均意义上将会使其产业结构合理化水平提高 0.4478 个百分点。

第（2）、（4）列为模型（4.10）回归分析结果，核心解释变量 S 的系数在 1% 的水平上显著为负，这表明作为不同收入水平的国家中日韩的产业转移对其产业结构的影响存在异质性，国家人均收入水平越高，对其产业结构升级的影响越不显著，即我国的产业转移相较于日韩两国对我国产业结构升级的作用更为明显。这与前文的现状分析相吻合，位于高收入水平的国家产业结构水平与标准化产业结构水平有比较高的相似度，但是与中国的产业结构仍存在一定的梯度差异和技术差距，所以我国对东盟进行产业转移有利于自身的产业结构调整。较低收入水平国家的产业结构中，第二产业增加值的占比超过了第三产业，表明第二产业的基础较为薄弱，所以我国作为一个制造业大国，向东盟产业转移对自身的产业结构调整作用更为明显。

（三）稳健性检验

为确保研究结果的稳健性，本部分通过替换被解释变量来验证结果的稳定性。由于本部分的研究对象周边发展中国家整体的产业结构水平较低，大多数处于从第一产业向二三产业转型升级的过程，其中，这些国家的第二产业占比较大，其产业结构水平受第二产业的影响更大。因此，本部分选择使用第三产业与第二产业的比值作为替代解释变量的方法，继续使用双固定效应模型进行回归分析，结果如表 4.5 所示，第（1）、（2）列的被解释变量为二三产业增加值占比之和，发现第（2）列核心解释变量 S 的系数为负，并且在 5% 的显著性水平上显著；第（3）、（4）列的被解释变量为第二产业与第一产业增加值占比的比值，结果发现第（4）列核心解释变量 S 的系数依然为负，且在 1% 的显著性水平显著，这意味着本部分的结果已经通过了稳健性检验，说明作为不同收入水平的国家中日韩的产业转移对其产业结构的影响存在异质性，对低收入水平的母国的产业结构的影响更为显著。

表4.5   替换被解释变量后回归分析结果

变量	（1）	（2）	（3）	（4）
	ln$H$		ln$R$	
lnEX	0. 2583** (2. 71)	0. 3168*** (3. 91)	0. 3627*** (3. 20)	0. 4119** (4，52)
lnFDI	0. 317* (2. 51)	0. 274** (2. 39)	0. 301*** (5. 28)	0. 358* (6. 37)
S		−0. 3561** (−2. 87)		−0. 3824*** (−3. 17)
ln$Y$	0. 7819*** (3. 89)	1. 3729*** (7. 28)	0. 3718 (2. 97)	0. 3829** (3. 22)
ln$G$	3. 6723*** (6. 26)	3. 9372*** (5. 19)	0. 6721 (0. 23)	0. 2363 (0. 17)
ln$J$	7. 3828*** (7. 94)	25. 7384*** (9. 34)	1. 2739 (0. 66)	2. 6384** (3. 62)
Cons	17. 273	19. 273	12. 394	15. 284
N	216	216	216	216
R − squared	0. 2017	0. 2674	0. 1923	0. 2037

注：***、**、* 分别表示通过 1%、5%、10% 显著性水平检验；括号内为 t 值。

（四）研究结论

本章的研究结果显示中国对东盟的产业转移对中国的产业结构调

整具有显著的积极影响，所以中国对东盟的产业转移无论是从出口贸易还是从对外直接投资的角度，都对我国的产业结构高级化和合理化有显著的提升。同时，东盟对于我国发展对外关系发挥着重要作用，所以中国政府和企业均需要积极行动，推动发展中国与东盟各国的合作，实现互利共赢，促进区域一体化发展和命运共同体建设。

中国通过对东盟产业的转移，长期来看促进了国内产业结构的发展。在产业转移的初期，中国主要考虑规避贸易壁垒和发挥自身的比较优势，因此，从劳动力和低技术这些具有比较优势的产业出发，向东盟进行产业转移。这一举措导致初级产品的区域内贸易被直接投资所替代，从而抑制了区域内贸易的整体一体化发展。然而，随着中国在国际分工中的地位逐渐上升，知识和技术密集型产业的比较优势得以显现。因此，中国开始从相对于东盟小国而言已经处于劣势的产业角度出发，进行产业转移，以实现国内产业结构的优化和调整。

第五节　对策建议

中日韩三国作为东亚的主要经济大国，它们地理位置相邻、语言和经济发展路径都十分相似，因此深入研究日韩在国际产业转移中的历史、特色、原因及其带来的影响，并从中汲取宝贵的经验和教训，对于我国在国际产业转移方面的未来发展具有不可估量的参考价值。

一、在 RCEP 背景下加强中国与东盟国家的产业合作

日韩两国在 20 世纪 70 年代就与东盟国家建立了友好的贸易往

来，为之后的国际产业转移打下了坚实的政治基础，我国应当牢牢把握住 RCEP 和"一带一路"倡议持续释放的政策红利，助力中国与东盟的经贸合作。

RCEP 能够有力地推动中国向东盟的直接投资活动，同时也应当重视中国与东盟各国在产业合作和产业结构互补方面的努力，以适应中国产业结构持续优化的发展方向（廖红伟和杨良平，2018）。基于产业合作，应当重视将中国的"一带一路"倡议与东盟各国的国内发展策略相结合，例如泰国的"东部经济走廊"项目（房裕等，2023）。此外，通过构建区域内产业联盟等方式加强双方产业的深度合作。在国家级别上，有效的产业合作将进一步推动中国与东盟各国在产业利益方面实现互补和共同成长。通过加强区域基础设施建设和互联互通，实现贸易畅通、资金融通和民心相通等方面的对接。此外，期待能够进一步加强中国与东盟产业园区之间的合作，从而加强园区内产业链的紧密联系。为了优化双方的投资氛围，需要扩大园区内企业的金融通道，并为它们提供更为便捷和高效的服务，从而建立一个能够实现产业优势互补的产业链和供应链，确保双方都能从中受益。通过产业合作，双方的对外贸易活动规模有望进一步扩大，这将有助于推动区域内贸易一体化的持续发展。

虽然 RCEP 的实施以及中国—东盟自贸区的形成已经为中国企业对周边发展中国家的产业转移提供了良好的机遇和平台，由于企业信息不对称的存在，企业自发的产业转移可能会造成资源的浪费（罗蓉，2016），并且我国此次主导第四次国际产业转移规模较大，所以需要政府层面的总体规划与引导，从而实现中国企业对周边发展中国家的有序的产业转移。第一，由于我国产业转移对不同收入水平的发展中国家的影响存在明显的差异，所以政府需要在外资流向方面进行一定的政策引导，针对不同收入水平的发展中国家进行差异化投资，发挥双方的比较优势，形成产业协同和互补；第二，对已有文献研究后发现，国企能够更好地响应国家政策，发挥示范作用，所以应先引导国企"走出去"，从而带动民营企业的对外直接投资。

二、加强政府对国内企业产业转移的支持，做好转移选择引领作用

考虑到日本和韩国制造业的空心化趋势，政府应当采取措施，确保中国向东盟转移的产业选择与其产业结构的发展方向保持一致，从而使中国对东盟的产业转移能够从其产业结构的优化中受益。第一，需要增加对制造业的投资力度。从长远来看，我国的经济实力要想提升到世界强国之列必须大力发展工业和农业。从当前的情况来看，我国尚未完全利用部分传统制造业的潜能，但制造业作为中国经济增长的生命线是不可或缺的。同时，从长远来看，我国仍有大量劳动力和自然资源等要素资源可供利用（刘璟，2022），而且东盟地区的市场容量巨大且发展潜力大，这为产业发展提供了很好的基础。因此，有可能将这些处于边缘的产业转移到具备相应产业承接条件的东盟国家，以实现其最大程度的利用。第二，加强区域内合作。现阶段，中国的自然资源供应与需求之间存在明显的不平衡，与此同时，东盟的部分国家在自然资源方面与我国有着高度的互补性。因此，鼓励双方进行资源寻求型的贸易和直接投资活动，可以进一步利用双方的资源，从而扩大贸易市场。另外，还应注意在发展劳动密集型产业过程中避免盲目追求技术进步，以降低产品成本，提高竞争力。此外，为了应对各国对自然资源开发的严格管理和控制，中国的企业应当选择

合资的方式，并与东道国的企业构建完善的合作框架。另外，还应加强政府间的交流与对话，建立双边协调机构以保证双方在经济发展上实现互利双赢的目标。第三，应该加大对高科技领域的资金投入。鉴于新加坡在高科技领域拥有技术上的领先地位（张弛、朱潇晓，2023），同时泰国、菲律宾和马来西亚的电子产业也在飞速发展，中国在未来对东盟的产业投资应当逐步转向高科技领域。第四，扩大与周边国家及地区的经济联系。随着中国对外直接投资行业的高度集中，所带来的贸易增值也将逐渐增加，这将推动中国与东盟整体地区的产业向更高水平发展，从而实现区域内贸易一体化的质量提升。

三、加强政府与东盟各国在产业链配套出口方面的合作关系

我国与东盟国家在地理上相邻，具有互补的产业结构和资源优势，在技术合作、人才培训和科技创新等方面正在进行交流与合作。此外，在互联互通、基础设施建设方面有着不断地进展，比如铁路、公路、港口等基础设施的改善和扩展，有利于物流和供应链的畅通。中国—东盟双边自由贸易区、区域全面经济伙伴关系协定等贸易安排为双方的贸易和投资合作提供了便利和保障，政府间的高层会议、战略对话以及民间企业间的交流合作，推动了双方在产业链配套出口领域的合作，促进了产业链的深度融合。通过加强与东盟国家在产业链配套出口领域的合作，可以推动我国产业的转型升级，帮助企业扩大国际市场份额，避免关税障碍。也要重视对劳动力资源丰富的劳动密集型行业的扶持和培育，提高劳动生产率，降低劳动成本，为我国制

造业在海外市场拓展提供广阔空间。以东盟国家的鞋服制品产业供应链为例，其存在着明显的不足之处。这些国家在加工设备、面料和皮革方面多数依赖进口，导致工人的生产效率相对较低。然而，中国却具备高质量的原料、高效的生产能力、先进的机械设备、丰富的设计和生产管理经验。因此，中国可以在生产服务、机械设备和原料等多个方面加强与东盟国家的合作，以扩大出口规模，从而弥补中国对美国出口商品减少的影响，并实现产业升级和贸易替代的双重目标。

消费需求成为拉动经济增长的重要动力。在中美之间的贸易摩擦环境中，全球的生产网络正逐渐向最终的消费市场迁移（张继彤和宋超杰，2022）。我国目前仍存在居民收入差距较大、城乡收入结构不合理、区域发展不均衡等问题，导致城乡居民消费水平差异显著。为了充分利用我国庞大的内需市场潜力，应认真完善收入分配和社会保障体系，提高中低收入群体的可支配收入，推动消费升级。这样一来，国内市场主导的企业就能避免因内需不足而发生产业转移。目前，我国已成为全球最大的汽车市场和电子产品制造中心，拥有强大的工业基础。与此同时，我国近年来加速城市化进程，导致东部、中部和西部地区经济发展差异，这带来了多样化的消费层次和一定的市场优势，为制造业的产品供应和升级创造了有利条件。从全球视角来看，我国在高端制造领域具备强大竞争力。因此，应不断加强这一优势，并加速布局智能汽车、消费电子等终端消费品以及新能源等市场导向型产业。通过这样的转移和布局，能够进一步释放我国内需市场的巨大潜力，实现经济的可持续发展。

在中美贸易摩擦的影响下，中国对美国的出口量必然逐渐减少，为了维持中国作为贸易强国的地位，有必要进一步挖掘非美国市场的出口可能性。依据相关的数据分析，中国目前在对欧盟的出口潜力上位居首位（刘玉和黄舒雯，2022）。此外，中国在东亚、东盟、中东和南亚等地区的出口潜力同样巨大，尤其是在高端制造业方面，仍存在着巨大的潜力。因此，未来中国可以通过加强与欧洲和东盟市场的贸易便利化，深化与共建"一带一路"国家的贸易合作关系，扩大非美国市场的范围。这样一来，可以通过贸易替代来弥补中国对美国贸易下滑的份额，同时优化出口结构，进一步拓展中国的出口市场。

第五章

国际产业转移及其有效应对

第一节　历史上四次大规模国际产业转移

自 18 世纪英国工业革命以来，全球产业在国家间大规模转移的现象已出现了四次，每一次产业转移都深度改变了承接国原有的产业结构，被称作全球产业转移浪潮。所谓产业转移，是指一些国家或地区的制造业或服务业，由于成本、市场、技术、政策等因素的影响，从一个国家或地区转移到另一个国家或地区，从而改变了世界经济的格局和竞争力。

一、英国工业革命后的产业转移（18 世纪末至 19 世纪中后期）

第一次产业转移发生在 18 世纪第一次工业革命后期，产业转移的路径是从英国向欧洲大陆和美国转移。之所以在英国发生，是因为当时英国具备一些有利条件。英国在农业上的进步使粮食产量大增，由此产生大量非农业人口，为城市工厂提供劳动力。英国首先完成第一次工业革命，成为世界上名副其实的"世界工厂"，一直控制着世界工业生产的 1/3~1/2，世界贸易的 1/5~1/4，英国成为当时世界领先的工业强国。此外，英国政治环境稳定，保护个人财产权，法律环境上有利于企业经营，这些都鼓励了技术创新和投资。英国纺织工业是第一个使用现代生产方式的行业，因为提供大量就业、创造大量产值而成为主导产业。国内市场有限以及劳动力的不足，让英国不得不扩展海外市场，广阔的殖民地和强大的贸易网络为英国工业扩张提供了必要的原材料和市场。英国作为当时的世界工厂将产业输出至欧洲大陆国家及北美，美国成为这次国际产业转移的最大受益国。

美国作为英国的殖民地，又有良好的自然条件和资源条件，为高品位煤炭和铁矿石为基础设施和工业发展提供了至关重要的资源保障。到 18 世纪 70 年代美国独立战争时，英国在北美的殖民地上大约有 200 个造铁厂，年产铁量约 3 万吨之巨。① 来自英国的产业技术极大地改变了承接国的经济，除美国外，比利时、法国、德国等国也快速实现了工业化。工业化带来了工厂工作和人口向城市大规模迁徙，很多城市中心崛起。19 世纪末，日本在"明治维新"之后通过采用英国等国的技术走上工业化道路。

二、二战后的产业转移（20 世纪 50~60 年代）

国际第二次产业转移的浪潮发生在第二次世界大战之后的 20 世

---

① 王德伦．四次产业转移看中国经济发展．兴证首席观点，2021 年 8 月 12 日，东方财富网。

纪 50 年代至 60 年代，产业转移是从美国向日本和原联邦德国转移。主要是由于美国在二战中的胜利，使得美国成为了世界上最强大的国家，拥有了巨大的市场和技术优势，但也导致了美国的劳动力成本和物价水平的上升，以及美元的贬值。同时，美国为了帮助战败国的重建，实施了马歇尔计划，向欧洲和日本提供了大量的资金和技术援助，促进了这些国家的工业化和现代化。美国在第三次科技革命的大背景下，对其国内的产业结构进行了重大调整，将钢铁、纺织等传统产业转移到日本和原联邦德国，国内主要致力于集成电路、精密机械、精细化工、家用电器和汽车等资本和技术密集型产业的发展。美国向西欧和日本的产业转移，使得这些国家成为了美国的强劲竞争对手，也催生了欧洲共同体和日本经济奇迹的出现。

三、新加坡、韩国、中国台湾及中国香港地区的工业化（20 世纪 60 ~ 80 年代）

第三次国际产业转移发生在 20 世纪 60 年代至 80 年代，东亚地区是这次产业转移的主要承接地，主要是从美国、德国、日本向新加坡、韩国、中国台湾及中国香港地区转移。由于美国、德国、日本在经历了高速增长后，也面临了劳动力成本和环境成本的上升，以及市场饱和和竞争加剧的问题。同时，由于石油危机的影响，全球经济陷入了低迷和通货膨胀的困境，导致了美元的贬值和贸易逆差的扩大。已经成为世界制造大国的日本为了应对世界石油危机的冲击和日元汇率升值的影响，开始通过产业调整来适应经济的发展。此次产业转移主要是美国、德国和日本的产业向外转移，分为三个阶段：

　　第一阶段转移的产业主要是劳动密集型的纺织业等轻纺产业，向外转移的目的是确立资本密集型的钢铁、化工、汽车、机械等产业在国内的主导地位；

　　第二次转移的产业主要是资本密集型产业，如钢铁、化工和造船等；

　　第三次转移的产业不再局限于在国内完全丧失比较优势的劳动密集型产业，而是扩展到包括汽车、电子等在内的已经实现了技术标准化的资本密集型和部分技术密集型产业。

　　经过这三次产业转移，催生了新加坡、韩国、中国台湾及中国香港地区的经济发展奇迹，使得这些国家及地区成为了世界上最具活力和竞争力的经济体，造就了东亚经济发展的"雁行模式"。

四、中国的工业崛起（20 世纪 80 年代至 21 世纪初期）

　　第四次产业转移发生在 20 世纪 80 年代至 21 世纪初期，对于小型发达国家（地区）发展到一定阶段，在经济发展中很快就面临着境内市场狭小与生产能力扩张之间的矛盾、生产要素成本上升与企业追求更多利润的矛盾、产业发展与资源环境瓶颈的矛盾。而对于美国和日本等发达国家，则面临生产成本加剧、国内污染等代价高的问题。同时，由于冷战的结束，全球经济进入了全球化和区域化的新阶段，国际贸易和投资的自由化和便利化，为产业转移提供了更多的机会和条件。因此，一些欧美和东亚国家及地区的产业，如家电、汽车、电脑、手机等，开始向中国转移。

　　从价值链视角来看，前三次都是完整产业的转移，是整体产品产业价值链的转移，如纺织业、服装业、钢铁业及汽车业等。原因在于，当时产业主要在一国（地区）完成，还没有发展到各生产环节分割的程度。第四次产业转移，是产品或产业的某一生产环节或工序的转移，是对价值链的分拆，是产业链部分环节的转移，因而产业输出地和输入地呈现多元化，此时中国是主要受益国。从 20 世纪 80 年代到 21 世纪初，中国在国内及国际环境的配合下，成为第四次全球产业转移浪潮的承接国。中国具有天然的优势，改革开放的政策、市场的放开以及对实现工业化的渴望，为外资企业及技术进入中国提供有利条件。2001 年中国加入世贸组织，使得中国经济进一步融入全球产业链。中国政府的产业规划和政策支持为中国的工业化进程提供了有力保障。这一时期，中国通过招商引资、"以市场换技术"等方式吸引大量外资投资相关产业。包括劳动密集型产业，如服装、鞋类、家居用品、玩具等；资本密集型产业，如钢铁、汽车制造、化工、冶金、机械制造等。

第二节　新一轮产业转移的新动向

随着全球化进一步深入发展、国际分工格局重构和地缘政治经济格局持续变化，在 2008 年金融危机后，国际以产业转移呈现出新的发展趋势，掀起了新一轮产业转移浪潮。此次国际产业转移分为两个阶段：第一个阶段是 2008～2017 年，中国不仅仍然是全球最大的产业转移承接地，同时也在劳动力成本上升的压力下开启了部分劳动密集型产业的对外转移，但影响产业转移的动因仍然以经济因素为主。第二个阶段是 2018 年之后，受大国地缘政治博弈叠加疫情和俄乌冲突影响，发达国家推行以供应链安全为名义的"再工业化"，全球产业转移呈现出不同以往的新趋势和新特点，进而对我国产业产生深远影响。

一、新一轮国际产业转移的特点

（一）多极化趋势明显

与过往单方向的由发达国家向发展中国家转移不同，本次产业转移呈现多极化的趋势：更多的转出国和承接国参与到新一轮全球产业转移中。2018 年以来，全球已经出现的局部性产业转移包括"中国—东盟、墨西哥""美国、日本、韩国—东盟""中国、欧盟—美国"等，不仅转出国和承接国的数量在各自增加，而且具有转出和承接双重身份的国家也在增加，多极化趋势明显。

1. 美国成为推动产业转移的非市场力量

国际金融危机后，全球经济回归实体经济和发达国家实施"再工业化"战略，美国、日本和韩国等发达国家近年来力图重振本国制造业，纷纷鼓励本国制造业企业回流。特别是新冠疫情更加凸显了供应链安全的重要性，发达国家考虑到应急安全、基本保障、经济发展、社会稳定等因素，纷纷通过法律规定、经济补贴以及政治手段，促使本国企业加大对本国投资。以美国为代表的发达经济体通过税改、投资补贴等措施推动制造业回流，成为新一轮产业转移的主导者。

伴随美国供应链战略在不同阶段的变化和演绎，产业转移的路径也发生了相应的改变，美国连续三届政府企图实现"在岸"、"近岸"

和"友岸"三种转移，非市场力量在推动产业转移中的作用愈发明显。

2. 欧洲面临再工业化与去工业化的两难选择

欧洲的再工业化战略未能扭转其颓势，FDI 呈大幅度回落态势，制造业在 GDP 的比重未出现显著提升。俄乌冲突后，欧洲面临新一轮去工业化。部分有能力的欧洲企业开始将产能向外转移，美国和中国成为这一波转移的主要承接国。俄乌冲突以来，多家欧洲跨国公司选择扩大在华投资。

3. 新兴经济体成为产业转移的受益者

在发达国家"友岸外包"和"近岸外包"政策影响下，以越南和墨西哥为代表的"友岸"和"近岸"新兴经济体成为新一轮产业转移的最大受益者。从 FDI 看，越南、墨西哥等成为全球 FDI 的重要流入国。特别是越南，因美国友岸供应链策略而获得显著增长。

4. 中国成为此轮产业转移的重要节点

作为第四轮产业转移的受益者，中国积极推动工业化进程，成为全球第二大经济体和世界制造业中心。2008 年金融危机后，由于国内劳动力成本的快速上升，低端制造业产业链主要向东南亚国家、印度和墨西哥外迁，尤其以食品、服装、鞋类和木制品产业链外迁趋势最为明显。同时，高端技术制造业回流至以美国、日本和韩国为主的趋势也明显增强，医药化工行业、机械制造行业以及计算机电子产品行业的回流态势逐渐凸显。与此同时，随着中国科技水平的提升和创新能力增强，中国逐渐承接了如电子信息、生物医药、新材料、航空航天、集成电路、精密机床等技术密集型产业的产业转移。

（二）大国博弈成为新的影响因素

相比历史上的多轮产业转移，本轮产业转移的重要特点是，大国博弈成为新的影响因素。受大国地缘政治博弈叠加疫情和俄乌冲突影响，发达国家推行以供应链安全为名义的"再工业化"，第五次产业转移是以人工智能、新材料技术、分子工程、石墨烯、虚拟现实、量子信息技术、可控核聚变、清洁能源以及生物技术为突破口的工业革命。随着大国博弈的加剧，美国推出贸易牌、科技牌、人才牌、金融牌、地缘政治牌等一系列组合拳。在中美贸易摩擦和发达国家"再工业化"政策的影响下，中国高端技术制造业回流至以美国、日本和韩国为主的趋势也明显增强，医药化工行业、机械制造行业以及计算机电子产品行业的回流态势逐渐凸显。

（三）非市场因素对产业转移的影响力上升

这主要体现在政治和社会环境对产业转移的推动和制约作用。俄乌冲突后，从跨国公司角度看，部分地缘政治风险已经转化为直接成本，对原有产业布局的效率造成极大破坏，企业必须重新布局以形成新的效率。例如，政治稳定性、国际关系、社会文化差异等因素都会影响企业的决策过程，从而推动或阻碍产业转移的发生。

（四）双向流动

本轮产业转移的又一大特点是双向流动：低技术产业向成本优势国转移，高技术产业向发达国家回流。一方面，低层次的产业向中国周边劳动力、土地更具优势的东南亚国家和印度转移。东南亚国家正在吸引大量的低技术环节。现阶段迁往东南亚国家的产业主要集中在手机、计算机、纺织服装、机械设备等加工制造业。另一方面，发达国家高端制造业回流，向本土转移。由于数字技术的兴起，数据要素的相对重要性快速提升。数据要素相对位置的提升减少了劳动力成本对生产的作用，无人工厂、数字制造、机器换人等进一步强化了发达经济体的既有优势，为部分制造业回流发达国家提供可能。

二、我国在第五轮产业转移中的角色

随着我国经济实力的显著增强和经济转向高质量发展的新阶段来临，我国不断调整自身在全球产业转移中的角色和定位，在新一轮的产业转移中，我国作为重要的一极深度参与了此次产业转移，并同时承担了承接国与转出国的双重身份。

（一）我国是全球产业的重要承接地

我国仍是新一轮产业转移的重要承接地。自 2001 年我国加入世界贸易组织以来，快速融入全球产业链，以低成本优势吸纳了全球劳动密集型产业的转移，成为了经济发展的重要基础和就业支柱产业，并迅速取代日本、韩国、新加坡等经济体成为新的"世界工厂"。在第四次产业转移发生后的 40 余年时间里，我国发挥市场优势、人口及人才红利，利用外资推动科技水平发展，深度融入全球产业链体系。我国是全世界唯一拥有联合国产业分类中全部工业门类的国家，包含了丰富且完整的制造业细分领域。我国制造业产值及增加值规模均达到全球第一。2023 年，我国制造业增加值的全球份额接近 30%。

随着我国经济实力的不断提升，我国承接全球中高端制造业和服务业的趋势更加明显，如资本、技术密集型产品的生产，高技术产品生产中的研发环节，以及金融、保险、咨询、管理和法律等专业服务。与此同时，随着国际产业转移规模的不断扩大，中国中西部地区将成为国际产业转移的新舞台。在国家战略的指引下，通过政府引导和营商环境改善，中西部地区特别是具有电子信息和人才优势的部分中西部省份，吸引国外直接投资的比例不断增加，展现出承接国际产业转移的巨大潜力。

（二）我国开启输出双路线模式

随着我国经济的快速发展和国民收入水平的提高，土地、劳动力价格等生产要素成本叠加原材料等资源要素成本的同步上涨，以劳动力比较优势为基础的全球产业链继续向中国转移的逻辑正在发生根本性转变。特别是 2018 年以来，在中美经贸摩擦叠加国内要素成本上升、我国产业结构进入调整升级期的背景下，我国逐步深入亚太乃至全球的产业布局调整之中，我国制造业产业链的对外转移已经成为值得关注的明显趋势。尤其是在新冠疫情后，产业转移的速度有所加快，这主要是由于我国在经历了快速的经济增长后，也面临了劳动力成本和环境成本的上升，以及市场竞争和技术创新的压力。土地、劳动力价格不断上涨，推动劳动密集型制造业转移至东南亚国家寻求新的比较优势。工业大宗商品价格飙升推高了制造业企业生产成本，进一步加速产业链转移速度。

自 2012 年起，我国开始了输出双路线模式的产业转移：一是劳动密集型产业向我国中西部、东南亚以及非洲等地区转移；二是部分高技术类企业和产业链高端环节向美国、欧洲等发达国家及地区回流。

作为转出地，我国持续向其他中低收入经济体转移自身比较优势丧失的产业。因我国劳动力等综合要素成本上升，虽然国内梯度性转移可以消化一部分，但低端制造业或制造业的低附加值环节还是会呈现向国外转移的趋势，特别是面临很大资源和环境压力的产业，将会加大向东南亚等国家或地区转移的步伐。具体来说，纺织服装产业链偏下游的劳动密集环节、家居用品产业链、化工制品类产业链下游环节、部分金属制品类、电子产业链下游环节是转出的重点行业。随着一批后起的亚洲国家对中国产业转移的承接能力快速提升，未来可能形成以中国为核心，覆盖南亚和东南亚区域的全球制造业生产体系。

三、新一轮产业转移对我国的影响

与改革开放之初相比，我国制造业的竞争力有显著提升。纺服、玩具等劳动密集型产业依然是中国企业的强项，部分公司向东南亚国家转移产能也是为加强这一优势。伴随着我国"人口红利"的消失和劳动力成本的上涨，我国低端制造业产业链逐渐向东南亚国家（如越南、柬埔寨）、印度和墨西哥外迁，尤其以食品、服装、鞋类和木制品产业链外迁趋势最为明显。整体看，全球新一轮产业转移给我国带来一定的局部性风险，但得益于我国大市场、全链条、多人才和新基建等四大内生优势，横向比较看，短期内"越南制造""印度制造""墨西哥制造"都难以迅速替代"中国制造"。

近年来我国制造业的竞争优势更多体现在中高端领域，如电子、机械、汽车、船舶等技术密集型产业。这些领域的全球出口份额持续攀升。但与此同时，部分高端领域，如半导体、新材料、高端制造工艺/设备、核心零部件等，对外依赖度仍然较高，存在"卡脖子"的环节。

因此，整体来看，我国制造业目前面临"高端产业被卡，低端产业被挖"的双向压力。一方面，美国、欧洲、日本等发达国家及地区积极推行高端制造业回流，尤其是半导体、清洁能源、制药等技术、资本密集型的高端产业。同时，欧美客户要求供应商提供中国以外生产的产品，使得中国包括内资企业和外资企业在内的跨国企业采取"中国＋N"战略转移生产基地。例如，以三星和苹果公司为代表的企业加速将其手机业务转移到越南、印度等地，带动立讯精密、富士康、和硕等供应商和配套工厂迁移。另一方面，除了劳动力资源丰富、要素成本低廉等优势，越南、印度、印度尼西亚等发展中国家还致力打造引资、产业补贴洼地，大幅减免外资企业所得税，并给予减税、进口设备免税和出口免增值税等优惠，吸引纺织、鞋帽、皮革等劳动密集型的低端产业向其转移。全球产业链从"去全球化"转为"去中国化"趋势日益显现。

第三节 国际产业转移的动因及影响

前面的研究发现，至今的五次全球产业转移浪潮，每一次产业转移的原因、背景各不相同，但也有一些共同特征：

首先，对产业转出国来说，产业转移往往带来新市场、新利润来源，降低企业成本，可以更聚焦优势产业，推动技术创新。

其次，对承接国而言，产业转移带来新技术、新就业、新投资，以及基础设施改善、劳动技能提升等，最终带动经济增长。

最后，对全球经济来说，产业转移可以实现资源的有效分配，让各国更好发挥比较优势，推动技术和知识的传播，使全球供应链多样化，最终提升全球整体经济水平和社会福祉。

一、国际产业转移的原因

产业转移本质是产业要素在空间上的重新配置，其理论是紧随产业转移的实践而发展的。关于产业转移动因、模式、路径的理论主要有赤松要的雁行理论、刘易斯的二元经济结构理论、海默的垄断优势理论、弗农的产品生命周期理论、邓宁的国际生产折衷理论、小岛清的边际产业扩张理论、20 世纪 70 年代梯度理论以及新经济地理学克鲁格曼的中心—外围理论等。但无论是哪种形式，微观层面来说，国际产业转移都是跨国企业追逐利润最大化的自发行为，是产业在国际范围内实现专业化分工以降低成本的必然产物。因此，总体来看，产业转移的主要影响因素有技术水平、要素成本、产业政策、基础设施与市场潜力。

早期学者从要素禀赋、比较优势、资本流动、劳动力成本等视角，先后提出了不同的经典理论以解释不同经济水平国家之间的产业转移现象。

日本学者赤松要（1936）率先提出"雁行理论"，形象地阐释了日本从棉纺工业到各产业的顺次起飞，日本工业化初期通过出口纺织品等轻工业产品换取发达国家的纺织机械，带动日本机械工业化发展，进而带动了国内钢铁等重工业发展，随着本国的技术不断发展，逐渐建立起自主基础和研究开发体系，进而使其产品在出口贸易中更具竞争力。这实际上反映了后发国家通过贸易等方式获得先进技术促进国内产业升级，进而推动产业在国际上转移，产业转移则反过来被当作先进国家调整自身产业结构的重要举措①。

弗农（Vernon，1966）的产品生命周期理论（PLC），主张从产品属性入手来说明产业转移的动因。由于产品要经历"新产品—成熟化—标准化"等不同阶段的生命周期变化，如产品在研发阶段属于技术密集型产业，因此需要在技术发达且成熟的区域进行研究开发，到了产品落地阶段，则需要投入足够的资本，这时该产品的生产需要投向资金密集的区域，该产品大量进入市场，这时的企业为了增强生产上的比较优势，会将产品的生产过程转移至劳动力密集的地区。由此可见，产业转移是伴随着产品属性的变化而发生的，在产业转移过程中，该产业的要素密集性也将随之改变②。

20 世纪 70 年代，小岛清在日本境外投资经验基础上，提出了"边际产业扩张论"。该理论的基本逻辑是当某国的某些产业已经或即将成为比较劣势产业时，应该把这些产业迁移至具备或逐渐产生比较优势的国家，一方面可以有效加速东道国比较优势产业形成，另一方面该国家也可以集聚资源发展更具竞争力的先进产业，这对双方国家来说都是福利最大化的优先选择③。

刘易斯（1989）提出，非熟练劳动密集型产业从发达国家向发展中国家的转移主要是因为二战后，人口的增长在发达国家几乎停滞，而工业的增长速度前所未有，出现了劳动力的严重短缺④。劳尔·普雷维什从发展中国家的角度出发，探讨了产业迁移的现象。由

① 赤松要. 卡特尔中的控制与自由（卡特尔问题、卡特尔和学术问题）[J]. 经济学论集，1936，10（0）.

② Vernon R. International investment and international trade in the product cycle [J]. The Quarterly Journal of Economics，1966，80（2）：190 – 207.

③ Kojima K. Reorganization of north-south trade：Japan's foreign economic policy for the 1970s [J]. Hitotsubashi Journal of Economics，1973，13（2）：1 – 28.

④ 阿瑟·刘易斯，继周. 发展经济学的现状 [J]. 国际经济评论，1984（12）：8 – 15.

于发展压力，发展中国家不得不采用以国内工业化来替代大量进口工业产品的替代策略，这也是产业迁移的主要原因。他的看法受到了贸易保护主义的启发，不断强调国家行为对国际产业转移的影响①。

二、国际产业转移的正面作用

从历史上看，产业转移像是一个催化剂，为很多国家带来经济发展、科技进步，很多承接转移产业及技术的经济体（包括美国、欧洲诸国、日本、韩国、新加坡、中国等）都经历了快速的经济扩展，我国更是成为"世界工厂"。这些经济体相继融入全球经济，其中一些也籍此实现在全球价值链的攀升。

部分文献认为，低端产业链外迁是促进地区产业升级的重要原因，落后地区能够通过"代工—生产技术提高—产业转移"的路径实现工业升级（Akamatsu and Kaname，2007；马光明，2022）。产业链转移还会通过推动劳动力、资本、技术、先进的管理经验等生产要素以投资转移的方式实现跨区域交换（任雪梅和陈汉林，2019；刘亚婕和董峰，2020；陈志恒和高婷婷，2020）。因此产业转移有助于实现双边区域原有要素的合理利用，促进产业转入和转出区域的产业结构优化升级。此外，对于低端制造业产业链外迁，学者们也是认为弊大于利。虽然低端制造业产业链的外迁减少了迁出国的就业机会，但是来自发达国家的经验证据认为低端制造业产业链的转移有利于当地中高端技术制造业的发展，同时来自发展中国家的经验证据也证实了承接低端制造业产业链能够提高落后国家的生产技术水平（Is-

---

① 劳尔·普雷维什，李琮. 外围资本主义［J］. 国际经济评论，1985（2）：6－16.

lam and Shazali，2011；Acemoglu et al.，2016；Flaaen et al.，2020；张辉和谢婷婷，2020；Fan and Liu，2021）。而高端制造业产业链外迁，部分文献指出发达国家高端制造业产业链的外移具有技术溢出效应，能够显著提升发展中国家的技术创新水平（Kim，2007；Okubo and Tomiura，2012）。因此，总体看来，国际产业转移产生的积极影响包括促进经济增长、推动技术创新和产业结构升级、增加就业机会、改善贸易条件以及促进全球资源有效分配。

（一）经济增长效应

国际产业转移对承接国有显著的经济增长效应。

第一，国际产业转移可以使资源更高效地配置。企业将生产转移到劳动力成本较低或资源丰富的国家，从而降低生产成本，提升利润。这种资源的重新配置有助于提高全球经济的总体效率和生产力。

第二，促进技术转移。国际产业转移往往伴随着技术的转移和传播。跨国公司在投资和设立生产基地时，会将先进的生产技术和管理经验带入发展中国家，有助于提升当地的技术水平和生产能力。

第三，投资与就业机会增加。产业转移通常伴随着外资流入和新就业机会的创造，尤其是在制造业和服务业领域，这对于缓解国内就业压力、提高人民生活水平具有重要意义。

第四，推动区域经济发展。产业转移也有助于推动区域经济的发展。在一些发展中国家，特定地区因为产业转移而获得了快速的经济发展机会，提升了当地的基础设施和生活水平。

因此，国际产业转移通过带来新技术、新就业和新投资，以及资源的优化配置和基础设施的改善，共同推动经济的快速增长。

（二）推动技术创新和产业结构升级

国际产业转移还有助于推动技术创新和产业结构升级。对于产业转出国而言，产业转移能够带来新市场和新的利润来源，降低企业成本，使其能够更聚焦于优势产业，从而推动技术创新。对于发展中国家，产业转移带来了新技术和新的就业机会，有助于提升国内的产业结构，减少对低附加值产业的依赖，逐步向高附加值产业转型。

当产业开始进行跨国化时，也意味着跨国公司将会把其先进的技术带到新的市场中去，这使得当地企业能够学习和掌握新的技术，从而提升自身的生产效率和产品质量。而且，制造业在国家发展中扮演着至关重要的角色，很多工艺与技术都需要使用高端的设备与技术来进行创新和升级，进而推动制造业与技术行业的发展。

外国企业在设立研发中心或生产基地时，往往会投资于当地的技术研发。这不仅提高了当地的技术水平，还可能推动相关产业的创新发展。发达国家在产业转移过程中往往将低技术含量的产业转移到发展中国家，而保留高技术含量的产业。这种优化有助于提高发达国家的整体技术水平和创新能力，同时也促进了发展中国家的产业升级。

（三）加强各国之间的贸易联系，推动贸易增长

国际产业转移使得各国能够根据自身的比较优势进行专业化生产和分工，从而形成全球化的供应链体系。例如，一国可能专注于原材料的提取，另一国专注于生产加工，最终产品可能在多个国家进行组装和销售。这种全球化的产业链结构促进了各国之间的贸易互动。跨国公司将制造工厂和分销中心设立在不同国家，形成高效的供应链，从而推动了国际贸易的发展。当一个环节的生产或加工转移到另一个

国家时，这就需要相应的原材料和零部件的进出口。随着产业链的分工，全球经济一体化加速，贸易依赖度提高，贸易规模得以进一步增长。

当跨国公司在发展中国家的投资和生产增加时，不仅推动了当地生产，也刺激了当地消费需求。这种内需的增长反过来促成了对外贸易的增长。国际产业转移扩展了发展中国家能够参与的产品类别，尤其是低成本劳动力国家能够生产更广泛的消费品和中间品，丰富了国际市场上的产品种类，促进了国际贸易规模的扩大，尤其是发展中国家与发达国家之间的贸易关系不断加强。

三、国际产业转移带来的问题

（一）承接地处于国际产业分工的低端

国际产业转移并不意味着技术同步实现转移，承接国际产业转移与引进国际先进技术并不同步。在实际产业转移中，发达国家移出的产业并不是国内最先进技术的产业，而是在产品生命周期中，技术进入标准化阶段的产业。发展中国家引进的一般技术设备多，高新技术设备少，经济的对外技术依存度高，自主创新能力严重不足。

在一些发展中国家，庞大的国内市场和年轻的劳动力，为其提供了无限的发展空间，使其成为了国际产业转移的承接地。但很多发展中国家承接的国际产业主要以劳动密集型、技术含量低的制造业为主，处于国际产业分工的低端。且这些国家自身缺乏核心技术，缺少自主知识产权，优势在于市场广阔和要素成本较低，而且这种低成本、低价格优势主要存在于中、低技术水平的产业、产品和加工组装环节中。从国际产业分工格局看，它们承接的制造业绝大部分处于产业链的低端，技术层次不高，导致制造业发展呈现出明显的"两头弱，中间强"的特征。在这种垂直分工的格局下，发达国家外移的产业以劳动密集型产业和低附加值的产业环节为主，发达国家企业在产业外移后侧重于做"品牌"，把资源更多地配置在产品研发、市场开拓与品牌塑造上。长此以往，发达国家占据价值链的高端环节，使得产业转移承接地的发展中国家陷入价值链"低端锁定"的困局。

（二）过度依赖外资和产业技术

许多发展中国家经济基础薄弱，产业结构单一，缺少资本、技术和先进管理经验的积累。在这种条件下，承接国际产业转移，引进外资成为快速提高生产力、增加产出的重要途径。引进外资不仅能带来资金，还能带来相应的技术、管理经验和市场准入通道。然而，国际产业转移导致的过度依赖外资可能使得国家经济受到外部市场的冲击，经济脆弱性增加。一旦国际经济形势变化，例如金融危机、外资企业内部重组或者市场环境恶化，外资可能迅速撤离，导致当地经济发生剧烈波动，甚至出现经济崩溃的风险。

同时，发展中国家在国际产业转移中可能过度依赖外资企业的技术和管理方式，导致自主创新能力减弱，长期来看不利于技术进步和产业升级。很多发达国家出于国家利益考虑，对技术出口采取限制性措施。在大规模开展国际产业转移的同时，发达国家企业在产业转移中严格控制专利技术和技术诀窍，不轻易转移最新技术和核心技术，并尽可能防止技术的扩散与外溢，将核心技术牢牢控制在自己的手中。

从国际范围来看，尽管承接国国内企业的技术水平有了大幅提升，但企业的核心技术仍然主要从国外获得，这些企业对国外技术的依赖性很强。国际产业转移并不能天然地推动承接国的技术进步与产业结构升级，反而有强化国际分工格局进而拉大产业转出国与承接地之间技术差距的潜在威胁。在缺乏核心技术、自主创新能力不足的情况下，承接地有可能沦为跨国公司的简单制造基地和装配中心，从而削弱产业的国际竞争力。

（三）产业空心化

在国际产业转移过程中，许多承接地由于过度依赖某一项或某几项产业的国际转移可能导致产业结构单一化，缺乏多元化发展的能力，受制于全球市场波动。

国际产业转移的转出国也会面临产业空心化的困扰。在一些高度发达的国家和城市，当经济发展到一定阶段后，产业结构会出现的一种趋势：非物质生产的服务性产业部分的比重远远超过物质生产部分的比重而成为国民经济的重要部门。也就是说，以制造业为中心的物质生产和资本，大量迅速转移到国外，使物质生产在国民经济中的地位明显下降，造成国内物质生产与非物质生产之间的比例关系严重失衡，即产业空心化。其原因主要是高度发达的国家和城市，由于追求完善的经济服务，使得大部分物质生产部门都转移到了欠发达的国家和城市。随着生产力的发展和技术的进步，第三产业的发展逐步超过第一、第二产业，最终形成以第三产业为主体的产业结构。这种演变趋势是合乎规律的。但随之而来的问题是出现了产业的"空心化"现象。有研究发现，产业的过度迁移会抑制转出国的经济增长，制造业产出增长与人均国内生产总值增长正相关，制造业的过度外迁可能会引发一国制造业的空心化，进而加大国家产业链断裂的风险（聂飞，2020；林志刚等，2020；范保群等，2022）。

近年来，美欧深受制造业空心化危机的困扰，在第五轮产业转移中愈发强调制造业回流。推动制造业回流是近年来美国各届政府的主要目标之一。欧洲方面，2012 年提出欧洲"再工业化"战略，但整体效果弱于美国，且俄乌冲突使得欧洲去工业化压力加大。2022 年欧盟 FDI 降至 1250 亿美元，对外商直接投资的吸引力也在趋弱。

第四节　有效应对全球产业转移的政策建议

从上面的分析可以看出，国际产业转移有利有弊，因此，利用好国际产业转移带来的机会，规避负面影响，需要有效的政策规划。从以往产业转移的经历看，培育国内产业链，保持供应链在本土的完整，将核心产业和技术留在本土，同时加强国际合作，充分利用国外市场资源是一个有效的方法。

一、积极培育国内产业链

（一）整合国内产业链相关环节，提高抵御外界风险的能力

加强企业间的合作与沟通，促进上下游企业的紧密协作，建立产业联盟，搭建信息共享平台，提升决策效率，形成企业联合体，共同应对市场变化和外部风险。引导企业针对关键原材料和零部件进行储备，避免对单一供应商和市场的过度依赖，拓展多元化的供应链，增加替代供应来源，降低风险。政府应助力产业集群发展，提供配套服

务和基础设施，鼓励产业链上下游企业抱团迁移，促进产业间合作与协调。

（二）加快推进产业转型升级，培育全球产业竞争新优势

当前我国部分产业已由以往的"跟随发展"模式向"领跑创新"模式转变，正逐步形成全球竞争新优势。从产业转移梯度角度来看，应优化推进上游企业进行顺梯度产业转移，充分利用海外充裕的劳动力资源和庞大的市场规模，加快生产要素间流动，发展国内比较优势产业。新能源汽车、光伏产品、锂电池"新三样"国际市场份额大幅领先，通信设备、轨道交通装备、电力装备三大产业居于世界领先地位，航天装备、海洋工程装备及高技术船舶达到世界先进水平。因此，政府应制定和执行有利于比较优势产业发展的政策，如税收优惠、资金支持、科技研发补贴等。大力支持和引导企业加大科技研发投入，推动新能源、船舶工业等高技术高附加值产业转型升级，设立专项基金，支持创新型企业和初创企业，鼓励其在比较优势产业中发展。鼓励形成产业集群，汇聚研发、生产、销售等各环节，提高资源利用效率和整体竞争力，不断提升我国在全球价值链中的地位。

（三）鼓励在全球价值链中向上迁移

通过政策支持和激励措施来鼓励国内上游企业加强自主研发和创新，切实落实好结构性减税降费政策，提高政策精准性和针对性，重点聚焦支持科技创新和制造业发展。聚焦核心零部件与关键材料等环节。推动关键核心技术快速攻关，切实增强"全链条"竞争力。

积极利用边际产业转移效应与溢出效应所发挥的正向影响，降低产业转移对国内产业链造成的不利影响，为国内产业链内部主体间的

协调发展提高强力支撑。依托自动化、智能化，开拓汽车电子、航空航天、医疗电子、人工智能等中高端市场，用内需市场的扩大抵消行业外迁的影响。在转型升级的关键时期，既要避免过急过快外迁造成的产业空心化风险，也要避免过度干预而阻碍产业国际化布局步伐。鼓励新兴产业跨国发展的同时，要通过加强投资基础设施建设和技术升级等方式及时对瓶颈产业采取补救措施。

二、加强国际合作，扩大国际影响力

（一）大力发展制造业中间品贸易，支撑贸易持续高速发展

制造业生产过程中的中间品，不像最终商品容易受关注，而且出口对象是对方的制造企业，贸易保护措施相对较小。2023 年，中国出口中间品 11.24 万亿元，占中国出口总值的 47.3%，中间品对外贸增量的贡献接近六成。从国际经验看，美、欧、日、韩等发达国家及地区在贸易高速发展时期，中间品贸易的出口占比通常为 65% ~ 75%。相较而言，中国的中间品出口还在快速发展，未来还有很大的增长潜力。

（二）积极利用东亚产业链发展的机遇

在 RCEP 已经正式生效并开始积极发挥作用的良好基础上，建议加快推进与重点国家和地区的自贸协定谈判。一方面，中国可以将自身定位为产业链上游国，为东盟国家供应中间品。通过加强与这些国家的合作，中国可以为东盟的制造业和生产流程提供关键性支持，为其提供中间品和关键零部件。这种合作将促使整个区域产业链更加紧

密地融合，提升区域的生产率和竞争力。另一方面，中国可以积极对东盟进行投资，参与其基础设施建设、制造业、能源等关键领域。通过资金和技术的注入，中国可以助推东盟加快发展步伐，共同分享发展红利，巩固提升我国在亚太乃至全球产业链供应链体系中的地位。

（三）借势全球化布局，推动产业向高附加值升级

把握国家在全球产业链供应链空间布局的主导权，基于本国的优势和本国的利益来调配全球资源。继续深化与产业承接国的产业链分工合作，继续推动我国在全球价值链中向上迁移，实现产业升级和贸易替代的双重目标。

第六章

提升我国在亚太区域
价值链上地位的研究

第一节　依托自由贸易区战略，增强
　　　　对亚太区域价值链的引导力

一、差异化推进区域内产业分工，促进区域产业链整合和重构

（一）构建新型良性竞合关系，实现共同发展

受新冠疫情影响，国际市场、全球产业链和供应链都发生了结构性改变。随着技术与资本加速流动，亚太地区的国际分工格局发生重大变化：以往由美日等发达国家为主导的垂直分工和域内各经济体横向竞争的格局，转变为美日、新兴经济体、东盟各国之间横向分工与

联合的格局；域内产业转移由发达国家向发展中国家的单向互动，转变为双向互动甚者交错纵横。

根据本书第二章的分析和测算，亚太经济体之间经济结构高度互补，域内资本要素、技术要素、劳动力要素齐全，在资源密集型产业、制造业和服务业等不同领域各有优势。尤其是区域全面经济伙伴关系协定（RCEP）生效后，将进一步推动域内经济要素自由流动，强化成员间生产分工合作，拉动区域内消费市场扩容升级，实现区域内产业链、供应链和价值链的进一步巩固和发展。长远来看，RCEP成员国的产业发展模式存在激烈的竞争，这种潜在的结构性冲突将不利于价值链的整合。但鉴于各经济体在价值链上地位的差异，可以实现错位布局，差异发展，规避产业冲突，构建新型良性竞合关系，实现共同发展。

亚太区域越来越紧密的经济联系，建立在互利和互动的基础之上。从供应链的角度来看，根据经济效益和竞争优势构建了系统的分工链，从高到低、从复杂到简单、从大到小，各环节相互交融与配合。就亚太区域框架而言，高度发达经济体居于分工的高端环节，提供技术和核心零部件，中度发达经济体居于分工的中端环节，提供制造技术和重要零部件，而发展中经济体则主要进行再加工和产品的终端装配，居于分工的低端环节。

就经济运行而言，亚太区域呈现一种动态的产业分工和竞争优势转移，推动分工与供应链运行的推动力主要来自：其一，公司依据成本效益比较，进行产业分工转移，让越来越多的参与者加入分工序列；其二，上游公司加大研发投入，提升竞争能力，进入更高层次的分工序列，把低端让给更具比较竞争优势的经济体。重要的是，在这种区域体系中，参与各方对于参与获益有着坚定的信念，为产业分工基础上的供应链提供了便利和有保障的环境（张蕴岭、潘雨晨，2022）。

（二）东亚生产网络也成为亚太价值链协作中最为关键的平台

当前，东亚生产网络形成了以中国、日本、韩国为三个节点的生产体制——即以日本和韩国作为中间品供给中心、以中国作为生产加工中心的"三极生产体制"。中日韩三国的经济协作始于20世纪80年代，通过相互间产业内贸易和企业内贸易构筑了区域供应链，逐渐形成了在岸和离岸相结合，集成创新＋制造，具有近岸化、区域化特点的东亚生产网络。2008年前后，东亚地区的贸易规模超过北美，成为仅次于欧盟的全球第二大经济区，东亚生产网络也成为亚太价值链协作中最为关键的平台（张建平，2022）。

随着中国经济规模和制造业规模持续扩大并成为新的全球制造业中心、全球第一大货物贸易国和国际航运物流中心国，中国已然成为东亚生产网络的主导力量，日本和韩国则成为在价值链中高端环节具有比较优势的国家。

二、重塑中国在区域产业链中的位置，由"中转站"逐渐向主导角色转变

亚太区域经济发展的活力主要来自不断加入的新兴经济体，中国作为一个规模巨大的新兴经济体，其加入对于亚太区域经济产生很大的影响。中国成为加工制造业中心、出口中心和生产网络的枢纽，使原来的东亚产业链条关系发生重要的变化。因此，中国需要重新谋划产业链布局，由劳动密集型逐渐向资本、技术密集型产业扩散和深

化，由投资驱动向消费驱动变化，由依赖制造业向依赖服务业转化。

（一）推动从嵌入型全球价值链向主导型区域价值链转变

首先，在货物贸易上利用区域全面经济伙伴关系协定关税优惠方面的举措，降低原材料成本，大幅提高商品的贸易自由化和便利化程度，加快进口日韩等高技术中间产品，补链强链。在区域全面经济伙伴关系协定统一的区域积累原则和原产地规则下，扩大转口贸易，避免美国歧视性关税风险，降低对美国直接出口的依赖度，提升出口产业链的稳定性。加快推动海关程序、检验检疫、技术标准等统一规则落地，改善货物贸易供应链。

其次，在服务贸易上持续改善知识产权、电子商务、贸易救济、竞争、政府采购等领域的营商环境，为服务贸易创造更加公平、开放、稳定和透明的竞争环境，落实服务贸易负面清单管理，促使国内服务贸易向价值链高端环节发展，"解锁"中国在全球价值链低端"俘获"的困境。

最后，在投资上利用区域全面经济伙伴关系协定（RCEP）创造的透明、公平、稳定的政策预期，完善国内准入前国民待遇加负面清单外商投资管理制度，扩大外商投资市场准入，构建从制造、供应到销售各个环节的密切协作机制，助力中国与区域全面经济伙伴关系协定其他成员国构建更为紧密的产业分工合作伙伴关系。基于区域全面经济伙伴关系协定成员国的差异化与互补性特征，持续强化中国连接发达国家和新兴经济体产业链和供应链的核心枢纽国角色，以中国为技术和市场双引领枢纽，打造以日韩为技术"领头雁"，以新加坡、澳大利亚等为第二梯队，以区域全面经济伙伴关系协定其他成员国为第三梯队的"雁行"发展模式，提升产业链的完善程度与自生能力

（孙军，2023）。

（二）构建基于经济开放与合作的机制

中国成为东亚生产与美国需求之间的终端链接点，而贸易条件的不平衡（美国逆差，中国顺差）在一段时间内也集中地体现在中美之间。市场对于结构不平衡的调节是通过竞争力的转换来进行的。随着中国经济发展水平的提升，区域竞争力结构发生转变，大量成本型产业由中国向越南、印度尼西亚、印度等国转移，一则推动东亚经济区的结构重组，创造了区域经济发展的新动力；二则扩大了太平洋经济区的发展空间。与此同时，属于南亚区域的印度，为了构建与东亚的联系，采取积极的"东向政策"。印度的加入，大大拓展了亚太经济区发展的基础，有助于把亚太经济的联系延伸到印度洋区域，逐步构建亚太—印度洋区域经济的链接。以此为基础，逐步构建基于经济开放与合作的机制（张蕴岭、潘雨晨，2022）。

第二节　依托"一带一路"倡议，扩大我国对亚太区域价值链的影响力

一、"一带一路"倡议是建立亚太全球价值链强劲推动力

在改革开放30多年近10%的高速发展之后，我国经济开始步入新常态发展轨道，资本、土地等要素供给下降，要素价格不断上涨，

人口红利在下降，传统的优势领域、比较优势在明显地减弱，支撑经济发展的资源环境约束不断强化。2013年，国家提出了"一带一路"的发展倡议，"一带一路"共建国家有丰富的自然资源和廉价的劳动力，通过"一带一路"倡议鼓励中国企业走出去，优化整合利用资源，推动沿线国家实现各个层面的对接，带动中国的基础设施装备、资金、技术等走出去。鼓励有条件的企业到国际市场取得较多能源、资源勘探权、开发权。最近两年我国对外直接投资量激增，带动了一部分企业走出去，通过增加海外投资，带动地质勘探设备、资源开发设备和技术劳务出口。

如今，中国已成为全球经济主要推动力之一，对于亚洲而言，中国的影响更为显著。过去10年，亚洲对欧美出口所占比重明显下降，但区内贸易比重大幅上升，区内贸易更为紧密，基本形成了以中国为中心的亚洲价值链。中国同周边国家的贸易额增长迅速，还成为众多周边国家的最大贸易伙伴、最大出口市场和重要投资来源地。"一带一路"共建国家有丰富的自然资源和廉价的劳动力，推动中国企业走出去，去优化整合利用资源，通过"一带一路"推动共建国家实现各个层面的对接，企业层面的对接、行业层面的对接、国家层面的对接，实现互利共赢，构建利益共享的亚太全球价值链。

2020年疫情冲击下，"一带一路"合作的逆势前行为推动区域价值链重构发挥了重要作用。首先，合作需求进一步提升。受疫情影响，全球价值链部分断链。为恢复经济，"一带一路"共建国家需要借助这一合作平台互通有无，以提高自身应对风险的能力。因此，中国作为"一带一路"倡议的发起国，加之拥有市场规模大、产业门类齐全等优势，在区域价值链重构方面无疑占据先机。其次，合作领域进一步扩大。面对疫情挑战，"一带一路"共建国家围绕国际公共卫生合作，着力打造"健康丝绸之路"，打通海陆空运输通道，相互提供抗疫援助，并开展疫苗合作，取得显著成效。共建国家在数字经济、绿色发展、区域经济一体化等领域的合作也不断深化，这一趋势有利于各国优化资源配置，在"一带一路"框架内找准产业链定位，发挥比较优势。再次，合作形式进一步丰富。疫情背景下，线上经济蓬勃发展，实体经济和虚拟经济相互促进，有助于促进新产业、新业态的深入发展，丰富价值链种类，提升附加值。最后，合作机制化水平进一步提高。辐射"一带一路"的自贸区网络，是中国与伙伴国家高质量共建"一带一路"进程中构建的机制性合作关系，双方共同挖掘市场潜力、拓展贸易空间、促进投资增长的重要合作平台。目前我国已与 13 个"一带一路"共建国家签署了 7 个自贸协定，这在促进"一带一路"建设向着更加规范化方向发展的同时也为区域价值链的重构提供了制度保障（屠新泉，2022）。

二、完善基础设施建设，推进新型区域化经济合作

基础设施是经济社会发展的重要支撑，也是人民群众生活的基础条件。高质量的现代化基础设施建设和互联互通有助于扩大有效投资需求并带动相关地区经济社会发展。设施联通是"一带一路"建设的五大合作重点之一，其中基础设施互联互通更是"一带一路"建设的优先领域。我国与周边国家的跨境铁路、公路、水运、能源电力等基础设施互联互通建设相对滞后，短板和瓶颈制约效应比较突出，制约了沿边省份尤其是边境接壤地区经济社会发展。我国很多边境接壤地区之所以成为相对偏远、相对封闭落后的内陆地区，除了与沿海发达地区地理位置相距较远、交通物流不便，以及信息相对闭塞等客

观原因外，很大程度上在于受到与周边国家基础设施互联互通的制约，影响了这些地区人流、物流、信息特别是相关重要资源和要素的可获得性及其成本。值得注意的是，除了大量沿边地区和内陆地区，有的沿海地区也因为与周边国家缺乏高质量的基础设施互联互通，导致两者的地理位置虽然相距不远，但是时间和空间的实际距离却相隔很远（吴亚平，2023）。

通过基础设施建设和互联互通对接沿线各国政策和发展战略，是"一带一路"整合区域经济、促进协调联动发展的重要手段。要加快中国与"一带一路"共建国家之间的交通基础设施建设，充分发挥自由贸易区深度的提升对区域价值链合作的促进效应。

为加快建设高效便捷、安全可靠的高质量现代化跨境基础设施体系，现阶段跨境基础设施投资重点领域应包括以下五个方面：第一，加快构建跨境能源电力体系，加快推进跨境石油天然气管道建设，因地制宜推进太阳能和风能等新能源建设，协同推进跨境发电厂与输电通道建设；第二，积极推进跨境铁路、公路等缺失路段、瓶颈路段建设和升级改造，推进港口和水运（海运）通道建设，进一步加强边境省份民用机场建设，打通跨境综合交通基础设施互联互通的"最后一公里"；第三，加强国际河流水资源保护和国际河流流域综合治理，协调上下游国家特别是边境地区水资源供应，有序开发利用水资源，协同协作实施水环境保护治理重大工程；第四，加快口岸基础设施建设，提高口岸基础设施综合服务能力，提高通关和检验检疫服务效率，促进人流物流便利化，研究探索共建共享口岸基础设施的新机制；第五，稳步推进跨境光缆、洲际海底光缆和卫星信息通道建设，推进信息基础设施互联互通，推动构建泛在、高效的跨境信息基础设施体系。值得注意的是，推进跨境基础设施互联互通的重点领域，不应仅限于我国与周边国家，还应当进一步拓展到"一带一路"共建国家之间的跨境基础设施互联互通，从而助推区域性基础设施互联互通（吴亚平，2023）。

三、发挥区域价值链的辐射作用

疫情冲击下，共建"一带一路"为推进包括亚太地区在内的价值链重构发挥了重要作用（张建平，2022）。

一是提升了合作需求。亚太地区和"一带一路"共建国家本身具有市场规模大、产业门类齐全的优势，通过系统推进高质量共建"一带一路"，各国积极发挥各自禀赋优势、挖掘在不同领域的合作潜力，可以进一步提高自身应对风险的能力和经济合作的需求。在共建"一带一路"合作框架下，世界经济发展的红利不断输送到发展中国家。世界银行研究组的量化贸易模型结果显示，共建"一带一路"将使"发展中的东亚及太平洋国家"的国内生产总值平均增加 2.6% ~ 3.9%。

二是扩大了合作领域。同"一带一路"沿线国家携手打造"健康丝绸之路"，打通海陆空运输通道，开展疫苗合作成效显著，同时，在数字经济、绿色发展、区域经济一体化等领域的合作不断深化。

三是丰富了合作形式。数字经济与绿色发展是世界经济发展及国际经贸合作的重要方向，亚太地区作为全球数字经济最为活跃的区域之一，近年来区域贸易协定下的数字贸易规则不断增加，疫情背景下，数字经济蓬勃发展，实体经济和虚拟经济相互补充，促进了新产业和新业态的发展，提升了产品附加值。

大多数参与共建"一带一路"的国家尚处在全球价值链的初级阶

段，我们要发挥亚太区域价值链的辐射作用，带动"一带一路"共建国家富余产能和资金"走出去"，推动各国产业的优化升级，促进产业间的合作，形成优势互补的发展动力，为共建国家创造一个重要的发展机遇。

基于此，我们要着力设计和推动区域价值链升级，为全球价值链重构提供动力。应重点推进中日韩自贸区建设，在经济大循环中畅通中日韩小循环，增强维护全球价值链稳定发展的力量；深入推进高质量共建"一带一路"，积极挖掘各领域合作潜力，培育一批具有产业链主导力的"链主"企业，加速形成中国在"一带一路"价值链中新的优势地位（屠新泉，2022）。

第三节　以"高水平技术"主导区域产业链重构，推进高端制造业"走出去"，实现从"制造大国"向"制造强国"的转变

一、走出简单跟随发展模式陷阱，不断创新促升级

经历改革开放40多年的发展，中国经济取得了突飞猛进的进步，中国成为通过对外开放不断融入全球价值链，从而获得巨大红利的成功典范。过去，一方面利用国内廉价的劳动力和土地资源优势，另一方面受制于自身条件的限制，中国一直采取跟随式的发展模式，嵌入了全球价值链的低端；如今，赖以依存的低成本优势逐步消退，针对中国的贸易摩擦却越来越多，跟随型发展模式在企业、国家两个层面

上都严重制约着我国经济的升级。要走出简单跟随型发展模式，寻求向价值链的两端升级，需要厘清国内发展条件，把创新放在首位，积极转变观念，由单纯地参与全球价值链向建立自己的区域及全球价值链转变，推动我国向更深层次地参与全球价值链。

（一）跟随式发展模式的第一层级——产品跟随

由于受到自身科研水平、资金等条件的约束，许多企业在创业初期会选择跟随式的发展方式，典型的就是产品跟随的发展模式。企业通过对市场的观察，选取热销的产品，通过引进设备和人才的方式迅速进入市场，分享利润。产品跟随式的经营模式优势在于：技术上的可行性已由领先产品所验证，新产品开发风险小；研发快速，开发成本较低；通过取长补短，实现差异化，产品可获取一定的竞争力；"搭便车"，市场推广更顺利。蒙牛、TCL、三星等企业在创立初期，都曾采用过此发展模式。它们利用了跟随者的有利条件成长壮大，更重要的是，发展壮大后，它们便从被动跟随向自主创新迈进，开始了自主研发和不断突破创新的过程，逐步成为领先企业。

然而，并不是所有的跟随企业都能成为领导者，事实上大部分跟随者存在被锁定在价值链低端处境，严重阻碍企业、某些行业甚至是一国国家产业的转型升级，究其原因，主要有以下几方面：

第一，从实际需求和产品契合上看。跟随企业可能急于产品投产，全盘模仿领导产品，不考虑不同市场间的差异及自身条件，造成产品脱离市场需求的情况。例如，我国风电发展方式照搬欧美模式，把并网风电作为我国大规模风电场的唯一应用模式，而我国风能资源多位于西北等偏远地区，需求和产能不匹配，由此产生了一系列的问题。

第二，从企业创新观念上看。企业可能会产生依赖心理，缺乏自主创新的理念，一来自我技术储备不足，无法根据实际情况做出调整，二来陷入引进—落后—再引进—再落后的升级怪圈。

第三，在当今知识产权经济下，跟随企业不仅要为专利许可等付出高昂的费用，而且极容易产生侵权纠纷。

第四，从产品生命周期角度上看，如果跟随企业模仿的是处于成熟阶段产品，又缺乏差异，那必将面临市场激烈的竞争，市场的不确定性更强。

（二）跟随式发展模式的第二层级——俘获型企业

1. 全球价值链框架下的俘获型企业

区别于简单的产品跟随模式，跟随式发展模式的更高层级体现为跟随企业成为领导企业模块化生产的一部分，为领导企业提供低附加值、低技术含量的加工服务或配套产品。在全球价值链治理框架下，这种采取跟随式发展模式的企业被称为"俘获型企业"（captive firm）。

作为全球价值研究的开拓者，格里芬（Gerefli，2005）将全球价值链治理分为五种基本类型，按照链条中主体之间的协调和力量不对称程度从低到高依次排列为：市场型、模块型、关系型、俘获型和层级型。根据格里芬的分类，在俘获型网络中，小供应商单方面依赖领导企业，当产品较复杂，而供应商能力不足以满足领导企业要求时，就会出现小供应商被俘获的情况，一方面，被俘获的企业只能从事简单的装配流程，另一方面，为了满足领导企业的要求，被俘获企业在设计、物流、配套设备的采购和升级上都受到严格的限制。

2. 融入"俘获型"全球价值链的弊端

改革开放以来，中国对外贸易得到了快速的发展，但贸易不平衡的问题也日益凸显，中国也因此成为遭遇贸易摩擦的重灾国。这主要由于中国出口贸易中，各种形式的加工贸易畸高，目前，中国加工贸易出口占总出口的四成左右。加工贸易基本是从事简单的加工装配作业，在业务、生产技术、产品研发、设备采购和升级方面依赖领导企业，许多加工贸易企业都属于被俘获的企业，所以当国际经济动荡，国际市场订单骤减的时候，这些企业就很难生存下去；同时在我国生产要素价格上涨的趋势下，这些企业也被国际领导企业所抛弃，而选择"俘获"生产成本更低的东南亚国家。在一个价值链条众多"价值环节"中，每一个环节都创造价值不同，显然加工贸易的附加值处于低端水平。大量的研究也证明，中国企业对全球价值链的参与，更多仍局限于对外国公司价值链的参与及适应，仍相多集中于全球价值链低端和低附加值环节。

从国家层面上看，融入"俘获型"全球价值链对中国存在诸多弊端：

第一，中国制造业从整体上加入由发达国家跨国企业所支配和控制的 GVC 环节，其"两头在外"的外向化发展模式，使中国装备工业赖以生存和发展的国内产业关联和循环体系发生"断点"和"裂缝"，使原来服务于消费品生产的国内重工业体系，尤其是重装备工业在开放滞后的前提下，其研发、生产和销售体系发生全面的萎缩。

第二，该模式引起了中国产业在空间配置结构上的巨大的重组和调整，在形成东、中、西部地区之间发展的巨大差异的同时，也使东部沿海地区成为中国发展的"飞地"，而东部地区被动性的低端定位以及对中西部地区的生产要素流动产生的"虹吸效应"，又压制了中西部地区劳动密集型产业的发展，使中西部地区沦陷为简单的原材料和劳动力的输出地。

第三，该模式抑制了中国发展现代服务的可能性空间，也可能是中国制造业增长和产业结构演变呈现高消耗、低技术和低附加值的粗放发展格局的最重要原因。"两头在外"，其实是价值链的高端在外，是现代生产者服务业在外，是知识技术密集的产业在外。

第四，该模式在某种程度上抑制了中国发展现代产业体系的可能性。无论是生产性服务业，还是高技术制造业，甚至传统产业的品牌建设，都与被俘获的 GVC 的地位不相容。被俘获的跟随发展模式无法满足中国发展现代产业体系的要求。

（三）走出简单跟随式发展陷阱，需要发展中国自己的全球价值链战略

1. 走出简单跟随式发展陷阱的必要性分析

从前文对跟随式发展利弊的描述中可以看出，我国通过对外开放嵌入全球价值链，取得了巨大的开放红利，但同时，我国仍处于全球价值链的低端，面临着简单跟随式发展的陷阱，跟随式的发展模式专注于劳动密集型、微利化、低技术含量的生产、加工、制造或组装，这种发展方式已经不能满足当前中国的内外在需求。所以，首先从需求上看，要走出简单跟随式发展陷阱，从价值链低端升级到高端，就要试图发展中国自己的全球价值链。联合国贸易与发展会议 2013 年的报告也提出，中国要有自己的全球价值链。

2. 发展自己全球价值链战略的可行性研究

第一，很长一段时期以来，我国在对外开放方针的指导下，建立了良好对外开放基础，外贸结构也不断优化，对外投资高速增长，服务贸易和外包增长迅速，我国可以在相对较高起点上进一步深入参与全球价值链分工。

第二，科教兴国和创新驱动发展战略的有力支撑，始终把调结构、促升级、促创新放在重要位置，相比其他发展中国家，我国产业结构和创新能力起点较高，可以把培育内生发展能力与参与全球价值链分工有效结合起来，大大强化参与全球价值链的外溢效应。

第三，我国进入全面深化改革期，将充分发挥市场对资源配置的决定性作用，推动建立高效的国内价值链网络和流通服务体系，为中国企业更好参与全球价值链并实现高效对接提供重要支持。

第四，服务业的新一轮对外开放，开放型经济的体制的完善，将有利于我国企业进入全球价值链的服务端，跻身"微笑曲线"的两个高端，实现全球价值链地位攀升，以开放促发展、促改革、促创新将再次成为时代主旋律。

第五，世界经济进入大调整大变革大重组时期，我国作为在危机中受冲击较小的国家，在这一轮全球价值链重塑中面临空前的历史机遇，完全有可能借力发力并举，加快构建由自己主导的区域及全球价值链步伐。

二、提升本地产业链能级，分类设计技术升级路径

创新是一个国家兴旺发达的不竭动力，是中国在亚太地区发挥更大作用和构建新发展格局的关键举措。要将中国具有较强发展潜力的高端制造业分为突破关键技术类和实现科技革命类，前者通过自下而上攀升"突破卡脖子技术"来实现技术升级；后者通过研发新技术或新产品，直接占领技术高地，自上而下建立新的分工体系，实现科技革命。通过技术升级来建立技术比较优势，不断提升国际分工地位，构建坚实稳固的供应链、产业链体系，最终实现价值链分工体系

的重构。

首先，坚持创新驱动发展，强化国家战略科技力量，加快构建以企业为主体、市场为导向、产学研用深度融合的技术创新体系，强化知识产权保护，完善科技创新体制机制，激发人才创新活力。深度挖掘技术优势领先的领域（如人工智能、数字技术、量子通信技术、云计算、高铁技术等），强化在这些领域的链主地位，提升对其他行业的融合引领能力，构建"以我为主"的创新链、产业链和供应链体系。

其次，利用区域全面经济伙伴关系协定（RCEP）倒逼技术创新的契机，强化市场整合对区域内部产业结构及布局调整的引领作用，进一步优化贸易和投资布局，形成沿海地区产业引领、内陆地区嵌入的循环体系。加快构建以京津冀、长三角和珠三角"三头雁"为首的国内雁型发展新模式，推进国内各地区在区域价值链上的协同均衡发展，形成国内区域间创新链、产业链、价值链和供应链深度融合的新局面，不断增强产业链的自主可控能力。

最后，充分利用 RCEP 合作契机，加快推动中日自由贸易协定、中日韩自由贸易协定的达成，深化与日韩之间的合作机制和平台载体建设，引进日韩高端制造业和生产性服务业，加大专业化分工合作力度。在向日韩高科技企业开放国内市场的同时，推动日韩对中国解除相关领域的技术和人才方面的管控，构建中日韩三国高端产业合作新机制，规避 RCEP 带来的比较优势断档风险，提升应对风险挑战能力（孙军，2023）。

三、强化科技研发和市场推广，带动区域产业链深化

在全球价值链的发展过程中我们可以看到，那些融入全球价值链

底部的后进经济体，很难在发达国家主导的全球价值链下实现价值链攀升和产业升级；相反，那些起初定位于全球价值链低端后来却转型为并行构建根植于"国家价值链"（national value chain）体系的后进国家和地区的企业，却出现了逐步的产业升级，形成了一定的国际竞争力。中国的产业升级，走出被俘获的跟随发展模式，需要构建以本土市场为基础的国家价值链（NVC）网络体系和治理结构。优化中国产业结构的空间布局，延长国内价值链，一方面培育和利用国内市场快速增长的市场需求；另一方面着力培育从事价值链高端活动所需的高级要素，减少对国际市场的依赖。

跨国公司是全球价值链的主导者和治理者，发挥着重要的支配作用，它们通常是通过跨国贸易、投资与外包推动全球生产服务体系的跨国布局和延伸。在全球价值链可拆分和外包程度越来越深的趋势下，跨国公司对全球价值链的掌控与治理变得日益重要。在经济全球化浪潮的推动下，跨国公司也在发生着变革，即表现为跨国公司向全球公司转型。要走出简单跟随式发展，构建自己的全球价值链，就要培育更多，更具领导力的全球公司，通过全球公司全球性的发展战略、管理结构、和理念文化，形成自己的全球价值链，在全球范围内吸纳和整合最优资源，链接发达市场和新兴国家廉价生产要素，为全球市场生产所用。

技术创新和技术比较优势是主导区域价值链重构的关键，我国要加快经济结构调整和产业优化升级的步伐，带动区域产业价值链由劳动密集型逐渐向资本、技术密集型产业扩散和深化，由投资驱动向消费驱动变化，由依赖制造业向依赖服务业转化，这将有助于在亚太地区形成自我需求市场，从而提升区域产业价值链的自我成长性，降低对区域外市场的依赖度，有利于整个地区宏观经济的稳定和发展。

参 考 文 献

［1］安邦咨询 . 日韩东盟探寻投资加速路径［J］. 时代金融，
2015（13）：43.

［2］澳大利亚的自然地理特征及生态环境［EB/OL］.（2020 –
06 – 05）. http：//www. au. mofcom. gov. cn/article/ddgk/zwdili/202006/
20200602971179. shtml.

［3］澳大利亚技术未来［R］. 澳大利亚工业、创新与科学部，
2018.

［4］白洁，苏庆义 . CPTPP 的规则、影响及中国对策：基于和
TPP 对比的分析［J］. 国际经济评论，2019（1）：58 – 76.

［5］包群，张志强 . 地震的余波：价值链断裂、进口停滞与贸
易危机传染［J］. 经济学（季刊），2021（2）：577 – 596.

［6］曹琳 . RCEP 框架下中日在东盟市场投资策略研究［J］. 中
国市场，2024（1）：46 – 49.

［7］曹亚军 . 服务业 FDI 对我国产业结构升级的影响分析［D］.
成都：西南财经大学，2014.

［8］车路遥 . 论区域经济一体化对多边贸易体制的碎片化作用
［J］. 武大国际法评论，2013，16（2）：190 – 208.

［9］陈凡，周民良 . 国家级承接产业转移示范区是否推动了产

业结构转型升级？［J］．云南社会科学，2020（1）：104 – 110.

［10］陈海波，陈赤平．FDI、交通运输能力与制造业发展：基于224 个城市的面板门槛模型的实证分析［J］．世界经济研究，2018（6）：123 – 134.

［11］陈积敏．正确认识"一带一路"［EB/OL］．（2018 – 02 – 26）．http：//www. theory. people. com. cn/GB/n1/2018/0226/c40531 _ 29834263. html.

［12］陈建军．中国现阶段的产业区域转移及其动力机制［J］．中国工业经济，2002（8）：37 – 44.

［13］陈静，卢进勇，邹赫．中国跨国公司在全球价值链中的制约因素与升级途径［J］．亚太经济，2015（2）：79 – 84.

［14］陈绍俭，冯宗宪．经济政策不确定性会抑制企业出口吗［J］．国际贸易问题，2020（3）：71 – 75.

［15］陈淑梅，高敬云．后 TPP 时代全球价值链的重构与区域一体化的深化［J］．世界经济与政治论坛，2017（4）：124 – 144.

［16］陈志恒，高婷婷．日本对外直接投资的产业升级效应［J］．现代日本经济，2020，39（2）：45 – 57.

［17］成新轩．东亚区域产业价值链的重塑——基于中国产业战略地位的调整［J］．当代亚太，2019（3）：29 – 46.

［18］程颖慧，杨贵军．产业结构、技术创新与对外贸易高质量发展［J］．工业技术经济，2023，42（5）：89 – 94.

［19］戴金平，刘东坡．实际运行、镜鉴方式与雁行发展模式的关联度［J］．改革，2015（11）：43 – 53.

［20］邓伟，宋清华，杨名．经济政策不确定性与商业银行资产避险［J］．经济学（季刊），2022（1）：217 – 236.

［21］丁玲. 韩媒：海外进口主要产品半数以上来自中国，韩对华进口依赖度居高不下［EB/OL］.（2023 – 10 – 12）. https：//world. huanqiu. com/article/4Eu6E6wegql.

［22］丁宋涛，刘厚俊. 垂直分工演变、价值链重构与"低端锁定"突破——基于全球价值链治理的视角［J］. 审计与经济研究，2013，28（5）：105 – 112.

［23］东盟秘书处. ASEAN's trade by country［R］. 2022.

［24］东盟. 2022年东盟投资报告：疫后复苏与投资便利化［R］. 2022.

［25］东兴证券. 以史为鉴，日本的产业升级之路［R］. 2021 – 03 – 17.

［26］东艳，马盈盈. 疫情冲击、中美贸易摩擦与亚太价值链重构——基于假设抽取法的分析［J］，华南师范大学学报（社会科学版），2020（4）：110 – 123.

［27］董小君. 通过国际转移化解过剩产能：全球五次浪潮、两种模式及中国探索［J］. 经济研究参考，2014（55）：3 – 18.

［28］法国国际关系研究所. 俄罗斯矿业战略：地缘政治的野望和来自行业的限制［R］. 2023.

［29］樊莹. RCEP：重塑亚太经济合作与筑基新发展格局［J］. 当代世界，2021（8）：53 – 58.

［30］范保群，郑世林，黄晴. 中国制造业外迁：现状和启示［J］. 浙江工商大学学报，2022（6）：85 – 99.

［31］范亚亚，胡振绅，熊彬. 经济政策不确定性、空间邻近效应与价值链关联构建：基于中国与亚太国家的实证分析［J］. 世界经济研究，2021（8）：77 – 90.

［32］房裕，邢文昕，田泽．RCEP全面实施背景下中国—东盟数字经济合作机遇、挑战与对策［J］．国际贸易，2023（10）：76 - 85．

［33］高金平，李哲．互联网经济的税收政策与管理初探［J］．税务研究，2019（1）：74 - 80．

［34］高敬峰，王彬，宋玉洁．美国制造业回流对中国国内价值链质量的影响研究［J］．世界经济研究，2020（10）：121 - 134，137．

［35］高丽峰，李文芳，于雅倩．美国对外直接投资与产业升级的关系研究［J］．经济经纬，2013（6）：72 - 76．

［36］龚柏华．论WTO规则现代化改革中的诸边模式［J］．上海对外经贸大学学报，2019，26（2）：13 - 23．

［37］古祖雪．现代国际法的多样化、碎片化与有序化［J］．法学研究，2007（1）：135 - 147．

［38］顾夏铭，陈勇民，潘士远．经济政策不确定性与创新——基于我国上市公司的实证分析［J］．经济研究，2018，53（2）：109 - 123．

［39］关乾伟，孙禄，王浩．经济政策不确定性对制造业参与GVC的影响研究——基于互联网的调节作用［J］．经济问题探索，2021（7）：88 - 100．

［40］光源资本．东南亚市场系列研究［R］．2022．

［41］郭海霞．资源型地区承接国际产业转移的产业结构效应研究——以山西省为例［J］．经济问题，2017（3）：111 - 116．

［42］郭克莎．我国技术密集型产业发展的趋势、作用和战略［J］．产业经济研究，2005（5）：1 - 12．

［43］国际货币基金组织．世界经济展望报告［R］．2021．

［44］国家统计局．第七次全国人口普查公报［R］．2021 - 05 - 11.

［45］韩国提升与东盟自贸协定的水平［EB/OL］．（2021 - 08 - 04）．http：//www. chinawto. mofcom. gov. cn/article/e/t/202108/2021080 3183676. shtml.

［46］韩剑，冯帆，姜晓运．互联网发展与全球价值链嵌入——基于 GVC 指数的跨国经验研究［J］．南开经济研究，2018（4）：21 - 35.

［47］郝晓，王林彬，孙慧．国际经济政策不确定性、双向 FDI 与全球价值链分工地位［J］．统计与决策，2021，31（17）：122 - 125.

［48］何力．美国“301 条款”的复活与 WTO［J］．政法论丛，2017（6）：3 - 11.

［49］何宇，张建华，陈珍珍．贸易冲突与合作：基于全球价值链的解释［J］．中国工业经济，2020（3）：24 - 43.

［50］贺生龙．中国电子信息产业转移特征及驱动因素——基于区域间投入产出表［J］．工业设计，2016（4）：146 - 148.

［51］贺胜兵，张倩．承接产业转移示范区提升区域创新创业水平了吗［J］．当代财经，2022（4）：111 - 123.

［52］胡加祥．从多边贸易体制看美国贸易政策的嬗变［J］．美国研究，2022，36（5）：117 - 132.

［53］胡莘然．产业转移与产业空心化——从日本经验看我国的应对措施选择［J］．对外经贸，2021（2）：54 - 58.

［54］胡再勇．外国直接投资对我国税收贡献及影响的实证分析［J］．国际贸易问题，2006（12）：78 - 82.

［55］华经产业研究院．2021 年俄罗斯联邦人口总数量、劳动人

口数量及人口性别、年龄、城乡结构分析［R］.2022.

［56］黄河，高辉．美国与世界多边贸易体制［J］.现代国际关系，2007（7）：24－29.

［57］黄河，赵丽娟.多边贸易体制的嬗变与亚太经贸一体化的路径选择［J］.太平洋学报，2019，27（5）：82－91.

［58］黄鹏.重构全球化：全球经济治理的改革取向［J］.探索与争鸣，2021（2）：89－98.

［59］黄奇帆.全球产业链重塑——中国的选择［M］.北京：中国人民大学出版社，2022.

［60］黄智，陆善勇.经济政策不确定性、垂直专业化与中国制造业出口竞争力［J］.统计与决策，2021，37（14）：125－128.

［61］纪文华.WTO争端解决机制改革研究：进展、挑战和方案建构［J］.国际经济评论，2023（6）：58－74.

［62］加里·杰里菲，等.全球价值链和国际发展：理论框架、研究发现和政策分析［M］.曹文，李可译，译.上海：上海人民出版社，2017：78.

［63］加拿大产业体系及政策初步分析［EB/OL］.（2018－05－04）.http：//www. ca. mofcom. gov. cn/article/ztdy/201805/2018050273 9986. shtml.

［64］贾妮莎，韩永辉.外商直接投资、对外直接投资与产业结构升级——基于非参数面板模型的分析［J］.经济问题探索，2018（2）：142－152.

［65］江小涓，孟丽君.内循环为主、外循环赋能与更高水平双循环——国际经验与中国实践［J］.管理世界，2021，37（1）：1－19.

[66] 江小涓. 中国的外资经济对增长、结构升级和竞争力的贡献 [J]. 中国社会科学, 2002 (6): 4 - 14.

[67] 蒋芳菲. 拜登政府"印太经济框架"及其影响 [J]. 美国问题研究, 2022 (2): 33 - 49.

[68] 蒋丰, 郝爽言. 不甘于做"安静的巨人", 日本在东南亚"亮出牙齿" [EB/OL]. (2021 - 09 - 09). https://baijiahao. baidu. com/s? id = 17103756947341708208&wfr = spider&for = pc.

[69] 金英姬, 张中元. 可持续发展强度与参与全球价值链的相关性研究 [J]. 上海经济研究, 2020 (9): 106 - 118.

[70] 鞠建东, 余心玎, 卢冰, 等. 全球价值链网络中的"三足鼎立"格局分析 [J]. 经济学报, 2020 (4): 1 - 20.

[71] 科依勒·贝格威尔, 罗伯特·思泰格尔. 世界贸易体系经济学 [M]. 雷达, 詹宏毅, 等译. 北京: 中国人民大学出版社, 2005: 76.

[72] 李国英, 陆善勇. 中国高技术制造业转型升级的优势依托——基于综合优势战略论的实证分析 [J]. 山西财经大学学报, 2019, 41 (11): 55 - 68.

[73] 李惠娟, 李文秀, 蔡伟宏. 参与全球价值链分工、技能偏向性技术进步与技能溢价 [J]. 国际经贸探索, 2021, 37 (12): 35 - 54.

[74] 李坤望, 马天娇, 黄春媛. 全球价值链重构趋势及影响 [J]. 经济学家, 2021 (11): 14 - 23.

[75] 李磊, 刘斌, 王小霞. 外资溢出效应与中国全球价值链参与 [J]. 世界经济研究, 2017 (4): 43 - 58.

[76] 李胜旗, 赵鑫钰. 跨国并购、人民币汇率波动与企业经营

风险 ［J］. 技术经济，2023，42（4）：147 – 159.

　　［77］李树丞，丁艺，李林. 外贸、外资与工业结构升级——基于中国数据的经验分析 ［J］. 山西财经大学学报，2008（1）：51 – 56.

　　［78］李雪. 外商直接投资的产业结构效应 ［J］. 经济与管理研究，2005（1）：15 – 18.

　　［79］李杨. 韩国—东盟自由贸易协定研究 ［D］. 重庆：西南政法大学，2016.

　　［80］李媛媛. 中国对外直接投资对承接国际产业转移影响的分析 ［J］. 现代营销，2019（2）：96 – 97.

　　［81］联合国报告：中国经济转型升级对亚太经济影响重大 ［EB/OL］.（2018 – 05 – 08）. https：//www. gov. cn/guowuyuan/2018 – 05/ – 08/content_5288996. htm.

　　［82］廖红伟，杨良平.“一带一路”沿线国家 OFDI、产业结构升级与经济增长：互动机理与中国表现 ［J］. 社会科学研究，2018（5）：29 – 37.

　　［83］林梅，叶好. 中越电子及通信设备制造业参与全球价值链比较研究 ［J］. 东南亚研究，2022（3）：114 – 131.

　　［84］林清泉，郑义，余建辉. 中国与 RCEP 其他成员国农产品贸易的竞争性和互补性研究 ［J］. 亚太经济，2021（1）：75 – 81.

　　［85］林志刚，彭波，韩亚品. 新冠肺炎疫情下中国产业链的“危中之机”及破局之策 ［J］. 国际贸易，2020（9）：38 – 45.

　　［86］刘彬. 新时代中国自由贸易协定法律范式研究 ［M］. 北京：北京大学出版社，2020：145 – 157.

　　［87］刘晨阳. 全球产业链重塑下的亚太区域经济合作 ［J］. 当

代世界，2024（4）：30－35.

[88] 刘冬，古广东. 对外直接投资与产业结构的关系——基于中国数据的实证研究 [J]. 市场论坛，2010（1）：12－13.

[89] 刘凤芹，刘蕊. 高技术产品出口对中国工业的外溢效应研究 [J]. 经济与管理研究，2014（11）：19－25.

[90] 刘贯春，段玉柱，刘媛媛. 经济政策不确定性、资产可逆性与固定资产投资 [J]. 经济研究，2019，54（8）：53－70.

[91] 刘海云，聂飞. 中国 OFDI 动机及其对外产业转移效应——基于贸易结构视角的实证研究 [J]. 国际贸易问题，2015（10）：73－86.

[92] 刘辉煌，杨胜刚，张亚斌，等. 国际产业转移的新趋向与中国产业结构的调整 [J]. 求索，1999（1）：4－9.

[93] 刘璟. 基于组织规模效率模型的新基建与经济发展潜力研究 [J]. 经济论坛，2022（11）：38－47.

[94] 刘啟仁，吴鄂燚，黄建忠. 经济政策不确定性如何影响出口技术分布 [J]. 国际贸易问题，2020（7）：46－62.

[95] 刘亚婕，董锋. 产业转移推动地区技术进步了吗？[J]. 产经评论，2020，11（1）：96－106.

[96] 刘易斯，施炜，谢兵，等. 二元经济论 [M]. 北京：北京经济学院出版社，1989：34.

[97] 刘玉，黄舒雯. 中国出口 RCEP 国家 ICT 产品的贸易效率及潜力研究 [J]. 工业技术经济，2022，41（12）：133－143.

[98] 刘源丹，刘洪钟. 中国对外直接投资如何重构全球价值链：基于二元边际的实证研究 [J]. 国际经贸探索，2021，37（11）：20－36.

［99］刘振中，严慧珍.四次国际产业大转移的主要特征及启示
［J］.宏观经济管理，2022（8）：72-81.

［100］刘志彪."一带一路"倡议下全球价值链重构与中国制
造业振兴［J］.中国工业经济，2017（6）：35-41.

［101］卢根鑫.中国理论经济学发展的基本思路［J］.财经研
究，1999（7）：8-11.

［102］卢先堃.世界贸易组织的新起点——对第12届部长级会
议成果的评价与前景展望［J］.国际经济评，2022（5）：22-29.

［103］罗长远，陈琳.FDI是否能够缓解中国企业的融资约束
［J］.世界经济，2011，34（4）：42-61.

［104］罗蓉.当前中国企业"走出去"做生意有哪些新的风险？
［J］.中国贸易救济，2016（11）：29-31.

［105］雒海潮，苗长虹.承接产业转移影响因素和效应研究进
展［J］.地理科学，2019，39（3）：359-366.

［106］马光明.中国低端制造业的分类筛选、国内转移及其影
响因素研究［J］.经济问题探索，2022（1）：112-133.

［107］马涛，盛斌.亚太互联经济格局重构的国际政治经济分
析——基于全球价值链的视角［J］.当代亚太，2018（4）：86-112.

［108］马子红.基于成本视角的区际产业转移动因分析［J］.财
贸经济，2006（8）：46-50.

［109］毛蕴诗，王婕，郑奇志.重构全球价值链：中国管理研
究的前沿领域——基于SSCI和CSSCI（2002~2015年）的文献研究
［J］.学术研究，2015（11）：85-93.

［110］民生证券.墨西哥：北美制造业"后花园"冉冉升起
［R］.2024.

[111] 聂飞. 制造业服务化抑或空心化——产业政策的去工业化效应研究 [J]. 经济学家, 2020 (5)：46 – 57.

[112] 宁烨, 邢春蕾, 王晓静. 企业跨国并购动因及其对外产业转移效应分析 [J]. 产经评论, 2021, 12 (5)：57 – 69.

[113] 潘少奇, 李亚婷, 高尚, 等. 产业转移技术溢出效应研究进展与展望 [J]. 地理科学进展, 2015, 34 (5)：617 – 628.

[114] 彭冬冬, 林珏. "一带一路" 沿线自由贸易协定深度提升是否促进了区域价值链合作？ [J]. 财经研究, 2021, 47 (2)：109 – 123.

[115] 彭刚, 胡晓涛. 欧美逆全球化背景下国际经济格局调整 [J]. 政治经济学评论, 2019 (1)：196 – 205.

[116] 彭薇. 共建 "丝绸之路经济带" 战略下中国与沿线国家产业转移研究——基于地缘经济的视角与引力模型的检验 [J]. 经济问题探索, 2018 (1)：89 – 97.

[117] 蒲燕, 屠雯珺, 章勇敏. 对外直接投资、国际多元化与企业经营风险 [J]. 生产力研究, 2023 (3)：109 – 113.

[118] 秦升. "一带一路"：重构全球价值链的中国方案 [J]. 国际经济合作, 2017 (9)：11 – 16.

[119] 渠慎宁, 杨丹辉. 突发公共卫生事件的智能化应对：理论追溯与趋向研判 [J]. 改革, 2020 (3)：14 – 21.

[120] 阙登峰, 肖汉雄, 卓丽洪, 杨丹辉. TPP、亚太区域价值链重构及对中国的影响 [J]. 经济与管理研究, 2017, 38 (1)：16 – 24.

[121] 饶品贵, 岳衡, 姜国华. 经济政策不确定性与企业投资行为研究 [J]. 世界经济, 2017, 40 (2)：27 – 51.

［122］任雪梅，陈汉林．中国对"一带一路"沿线国家投资的产业结构升级效应研究［J］．经济问题探索，2019（8）：127－133.

［123］单东方．经济政策不确定性对 FDI 影响研究［J］．经济问题，2020（3）：42－49.

［124］商务部、国家统计局和国家外汇管理局联合发布《2021年度中国对外直接投资统计公报》［EB/OL］．（2022－11－07）．https：//www. mofcom. gov. cn/article/xwfb/xwrcxw/202211/20221103365310. shtml.

［125］邵朝对，苏丹妮．产业集聚与企业出口国内附加值：GVC 升级的本地化路径［J］．管理世界，2019，35（8）：9－29.

［126］石静霞．WTO《多方临时上诉仲裁安排》：基于仲裁的上诉替代［J］．法学研究，2020，42（6）：167－185.

［127］石雅．国际产业转移新趋势及对中国产业结构优化的影响［J］．经济研究导刊，2020（6）：53－54.

［128］史晓丽，闫伟泽．MC13 专刊二：会议成果［J］．贸易救济规则动态，2024（3）：7－8.

［129］苏东水，赵晓康．论东方管理文化复兴的现代意义［J］．复旦学报（社会科学版），2001（6）：109－113.

［130］苏庆义．印太经济框架作为经济协定的解析［EB/OL］．（2022－06－02）．https：//baijiahao. baidu. com/s？id＝1734530568133624998&wfr＝spider&for＝pc.

［131］苏炜．区际产业转移动力机制的理论与实证研究——以江苏为例［D］．镇江：江苏大学，2010.

［132］孙军．RCEP 中的中国角色与新发展格局构建［J］．学术论坛，2023，46（2）：61－72.

[133] 孙有中，韩锋，胡丹．澳大利亚发展报告（2019～2020）[M]．北京：社会科学文献出版社，2021：33.

[134] 谭小芬，张文婧．经济政策不确定性影响企业投资的渠道分析 [J]．世界经济，2017，40（12）：3-26.

[135] 谭志雄，罗佳惠，韩经纬．比较优势、要素流动与产业低端锁定突破：基于"双循环"新视角 [J]．经济学家，2022（4）：45-57.

[136] 汤大军，吴宜真，黄胜生．技术外溢效应还是"鲶鱼效应"？——FDI 对于发展中国家本土技术进步作用的另一种实证解读 [J]．世界经济与政治论坛，2013（6）：67-80.

[137] 陶杰．新加坡现代服务业促经济发展 [N]．经济日报，2014-07-29（004）.

[138] 田新民，韩端．产业结构效应的度量与实证——以北京为案例的比较分析 [J]．经济学动态，2012（9）：74-82.

[139] 佟家栋，盛斌，蒋殿春，等．新冠肺炎疫情冲击下的全球经济与对中国的挑战 [J]．国际经济评论，2020（3）：9-28.

[140] 屠新泉．我国应坚定支持多边贸易体制、积极推进全球贸易治理 [J]．国际贸易问题，2018（2）：15-19.

[141] 屠新泉．"一带一路"建设．全球价值链重构与中国的应对 [J]．当代世界，2022（6）：27-31.

[142] 汪斌，赵张耀．国际产业转移理论述评 [J]．浙江社会科学，2003（6）：43-47.

[143] 王保乾，胡童．人民币汇率、FDI 与我国产业结构的非线性效应——基于 MS-VAR 模型的实证研究 [J]．商业研究，2017（6）：170-176.

［144］王冲，李雪松．金融发展、FDI 溢出与经济增长效率——基于长江经济带的实证研究［J］．首都经济贸易大学学报，2019，21（2）：41－50．

［145］王飞．国际产业转移与中国产业结构的协整分析［J］．改革与战略，2008（8）：111－115．

［146］王海全，吴德进，陈燕和．中国产业向东盟转移的动因、影响及趋势研究［J］．福建论坛（人文社会科学版），2021（12）：100－110．

［147］王建新，丁亚楠．经济政策不确定性对市场定价效率影响研究——股票论坛应用下的互联网社交媒体调节作用［J］．经济管理，2022，44（4）：153－174．

［148］王金波．"一带一路"经济走廊贸易潜力研究——基于贸易互补性、竞争性和产业国际竞争力的实证分析［J］．亚太经济，2017（4）：93－100．

［149］王丽娜．"鸡肋"的 IPEF 如何对抗"一带一路"？［EB/OL］．（2022－07－14）．https：//baijiahao. baidu. com/s？id＝1738336804258720711&wfr＝Spider&for＝pc．

［150］王丽，张岩．对外直接投资与母国产业结构升级之间的关系研究——基于 1990～2014 年 OECD 国家的样本数据考察［J］．世界经济研究，2016（11）：60－69．

［151］王茜，叶家钰．经济政策不确定性对亚太价值链重构的影响［J］．国际商务研究，2024（2）：1－15．

［152］王勤．东南亚地区发展报告（2021－2022）［M］．北京：社会科学文献出版社，2022：17．

［153］王先庆．跨世纪整合：粤港产业升级与产业转移［J］．广

东商学院学报, 1997 (2): 31 – 36.

[154] 王彦芳, 陈淑梅. 全球价值链视角下中国钢铁产能过剩形成机制 [J]. 北京理工大学学报 (社会科学版), 2018, 20 (4): 9 – 18.

[155] 王艺霖. RCEP 下中日韩经贸合作展望 [J]. 当代县域经济, 2023 (3): 6 – 7.

[156] 王玉燕, 林汉川, 吕臣. 全球价值链嵌入的技术进步效应——来自中国工业面板数据的经验研究 [J]. 中国工业经济, 2014 (9): 65 – 77.

[157] 王玥. 对外直接投资、跨国并购绩效与全球价值链重构 [J]. 技术经济与管理研究, 2022 (12): 100 – 106.

[158] 王直, 魏尚进, 祝坤福. 总贸易核算法: 官方贸易统计与全球价值链的度量 [J]. 中国社会科学, 2015 (9): 108 – 127.

[159] 吴建新, 刘德学. 全球价值链治理研究综述 [J]. 国际经贸探索, 2007 (8): 9 – 14.

[160] 吴敏文. 韩国金融业与中国金融业的介绍与比较 [R]. 北京大学国家发展研究院 BiMBA, 2014 – 03 – 31.

[161] 吴淑娟, 吴海民. 产业海外转移对母国就业空间转移和产业转移效应研究 [J]. 经济体制改革, 2018 (1): 101 – 108.

[162] 吴亚平. 加快跨境基础设施建设, 助推共建 "一带一路" [N]. 上海证券报, 2023 – 06 – 18.

[163] 谢璟葳. 中国对外直接投资对国内制造业升级的影响研究 [D]. 南宁: 广西大学, 2002.

[164] 信达证券. 煤炭开采行业专题报告: 印度能源经济形势及煤炭供需展望 [R]. 2022: 3.

［165］徐皓，赵磊，朱亮亮．基于创新价值链视角的我国高技术产业创新效率外溢效应研究［J］．上海大学学报（社会科学版），2019，36（5）：67-77．

［166］徐金金．特朗普政府的"印太战略"［J］．美国研究，2018，32（1）：70-82．

［167］徐奇渊，东艳，等．全球产业链重塑：中国的选择［M］．北京：中国人民大学出版社，2022：36．

［168］许树辉，王利华．区域产业转移与欠发达地区产业结构升级研究综述［J］．热带地理，2015，35（2）：284-290．

［169］许亚云，岳文，韩剑．高水平区域贸易协定对价值链贸易的影响——基于规则文本深度的研究［J］．国际贸易问题，2020（12）：81-99．

［170］杨翠红，田开兰，高翔，等．全球价值链研究综述及前景展望［J］．系统工程理论与实践，2020，40（8）：1961-1976．

［171］杨盼盼，徐奇渊，张子旭．中美经贸摩擦背景下越南的角色——中国对越南出口的分析视角［J］．当代亚太，2022（4）：134-164．

［172］杨旭，刘祎．经济政策不确定性对亚太地区进口贸易的影响［J］．亚太经济，2020（1）：62-70．

［173］杨永聪，李正辉．经济政策不确定性驱动了中国 OFDI 的增长吗——基于动态面板数据的系统 GMM 估计［J］．国际贸易问题，2018（3）：138-148．

［174］于津平，印梅．RCEP 时代亚太经贸格局重构与中国的战略选择［J］．华南师范大学学报（社会科学版），2021（4）：5-18．

［175］于鹏．亚太区域价值链变迁及其对地区权力格局的影响

研究［D］. 北京：外交学院，2022.

［176］余慧倩. 论国际产业转移机制［J］. 江汉论坛，2007（10）：43－46.

［177］余永定. 全球产业链重塑——中国的选择［M］. 北京：中国人民大学出版社，2022：23.

［178］余振，周冰惠，谢旭斌，等. 参与全球价值链重构与中美贸易摩擦［J］. 中国工业经济，2018（7）：24－42.

［179］喻微锋，郑建峡. 互联网金融、货币政策与银行风险承担［J］. 统计研究，2022，39（6）：68－85.

［180］袁志丽. 新加坡现代服务业促经济发展［N］. 经济日报，2014－07－29.

［181］张斌. 多边贸易体制的变迁：一个国际机制理论的解释［J］. 世界经济研究，2003（7）：50－55.

［182］张成思. 金融化的逻辑与反思［J］. 经济研究，2019，54（11）：4－20.

［183］张成思，刘贯春. 中国实业部门投融资决策机制研究——基于经济政策不确定性和融资约束异质性视角［J］. 经济研究，2018，53（12）：51－67.

［184］张弛，朱潇晓. 中日韩数字服务贸易特征及关系的实证分析［J］. 党政干部学刊，2023（2）：43－50.

［185］张红力，刘德伟. 东亚－北美经济失衡与再平衡分析［J］. 当代亚太，2010（4）：24－43.

［186］张辉，谢婷婷. 中国省际制造业收敛与省际经济增长分异研究——来自部门生产率增长与跨部门资源再分配的视角［J］. 浙江工商大学学报，2020（4）：97－110.

[187] 张继彤，宋超杰．全球生产网络的研究方法及影响因素：文献综述与展望 [J]．商业经济研究，2022 (11)：184 - 188．

[188] 张建平．全球价值链重塑下的亚太区域经济合作 [J]．当代世界，2022 (12)：10 - 16．

[189] 张鹏杨，唐宜红．FDI 如何提高我国出口企业国内附加值？——基于全球价值链升级的视角 [J]．数量经济技术经济研究，2018，35 (7)：70 - 96．

[190] 张其仔，许明．中国参与全球价值链与创新链、产业链的协同升级 [J]．改革，2020 (6)：58 - 70．

[191] 张琴．国际产业转移与产业结构优化研究：基于浙江省的实证分析 [J]．国际贸易问题，2010 (2)：60 - 67．

[192] 张秋菊．日本与东盟双边贸易状况的实证分析 [J]．东南亚研究，2006 (6)：61 - 65．

[193] 张帅．产业升级、区域生产网络与中国制造业向东南亚的转移 [J]．东南亚研究，2021 (3)：114 - 135，157．

[194] 张同斌，王树贞，鲍曙明．"中国制造"对世界经济增长的贡献及分解研究 [J]．数量经济技术经济研究，2017，34 (11)：81 - 97．

[195] 张威，李丹，卫平东．地缘风险、不确定性与深化 RCEP 贸易合作的中国策略 [J]．国际贸易，2022 (7)：63 - 71．

[196] 张晓君，曹云松．RCEP 区域投资机遇下的风险与应对 [J]．国际商务研究，2021 (5)：11 - 12．

[197] 张彦．RCEP 区域价值链重构与中国的政策选择——以"一带一路"建设为基础 [J]．亚太经济，2020 (5)：14 - 24．

[198] 张彦．RCEP 下中日韩高端制造业的区域价值链合作 [J]．

亚太经济，2021（4）：11－22.

[199] 张玉鹏，王茜. 政策不确定性的非线性宏观经济效应及其影响机制研究 [J]. 财贸经济，2016（4）：116－133.

[200] 张志明，李健敏. 中国嵌入亚太价值链的模式升级及影响因素研究：基于双重嵌入视角 [J]. 世界经济研究，2020（6）：57－72.

[201] 张志明，李思敏. 中国嵌入亚太价值链的就业效应：基于技能异质性视角 [J]. 世界经济研究，2019（7）：104－117.

[202] 张志明. 区域贸易协定深化与亚太价值链合作模式重塑 [J]. 国际贸易问题，2022（5）：85－102.

[203] 张志明，周艳平，尹卉. 区域深度贸易协定与亚太价值链利益分配格局重塑 [J]. 国际贸易问题，2024（3）：32－49.

[204] 张自如. 国际产业转移与中国对外贸易结构 [M]. 北京：中国财政经济出版社，2008：45.

[205] 赵宏. 世贸组织争端解决机制25年：辉煌，困境与出路 [J]. 国际贸易，2021（12）：4－8.

[206] 赵江林. 大区域价值链：构筑丝绸之路经济带共同利益基础与政策方向 [J]. 人文杂志，2016（5）：21－28.

[207] 郑国栋，陈其慎，张艳飞，等. 从产业链角度看日本矿产资源安全保障 [J]. 国土资源情报，2021（8）：18－24.

[208] 郑淑芳，谢会强，刘冬冬. 经济政策不确定性对中国制造业价值链嵌入的影响研究 [J]. 国际贸易问题，2020（4）：69－85.

[209] 郑伟，管健. WTO改革的形势、焦点与对策 [J]. 武大国际法评论，2019，3（2）：75－92.

[210] 郑亦深，张明之. 中国制造业外迁态势、经济影响及对

策研究［J］．成都行政学院学报，2022（2）：47－57，117－118．

［211］郑玉．中国产业国际分工地位演化及国际比较［J］．数量经济技术经济研究，2020，37（3）：67－85．

［212］中华人民共和国科学技术部．2020年我国高技术产业发展状况统计分析［R］．2020．

［213］钟祖昌，张燕玲，孟凡超．一国对外直接投资网络构建对其全球价值链分工位置的影响研究——基于社会网络分析的视角［J］．国际贸易问题，2021（3）：93－108．

［214］周伟，郭杰浩．国际产业转移、空间溢出与全要素生产率［J］．统计与决策，2022，38（3）：113－118．

［215］周小柯，李保明，时保国．RCEP对东亚区域价值链重构及两岸经贸合作的影响［J］．亚太经济，2022（3）：143－152．

［216］周小梅，黄婷婷．金融创新背景下互联网金融监管体系变革［J］．价格理论与实践，2020（9）：16－20．

［217］周彦霞，张志明，陈嘉铭．亚太价值链的重构与中国的角色变迁［J］．世界经济研究，2021（4）：28－42．

［218］朱书阳．关于FDI对中国产业结构升级的作用机制研究［J］．中国市场，2017（9）：36－38．

［219］自然资源部．中国自然资源公报［R］．2023．

［220］赤松要．カルテルにおける統制と自由（カルテル問題，カルテル及び経営学の重要問題）［C］．経営学論集，1936．

［221］Acemoglu Daron，Autor David，Dorn David，Hanson Gordon H，Price Brendan. Import Competition and the Great US Employment Sag of the 2000s［J］．Journal of Labor Economics，2016：141－198．

［222］Acemoglu D，Restrepo P. Automation and New Tasks：How

Technology Tisplaces and Reinstates Labor [J]. Journal of Economic Perspectives, 2019, 33 (2): 3 – 30.

[223] Albulescu T, Ionescu M. The Long-run Impact of Monetary Policy Uncertainty and Banking Stability on Inward FDI in EU Countries [J]. Research in International Business and Finance, 2018 (45): 72 – 81.

[224] Andrea Martinez – Noya, Esteban Garcia – Canal, Mauro F. Guillen. International R&D service outsourcing by technology-intensive firms: Whether and where? [J]. Journal of International Management, 2012: 18 – 37.

[225] Azzimonti M. Does Partisan Conflict Deter FDI Inflows to the US [J]. Journal of International Economics, 2019 (120): 162 – 178.

[226] Baker S, Bloom N, Davis S. Has Economic Policy Uncertainty Hampered the Recovery? [R]. Chicago Booth Research Paper, 2012.

[227] Baker S, Bloom N, Davis S. Measuring Economic Policy Uncertainty [J]. Quarterly Journal of Economics, 2016, 131 (4): 1593 – 1636.

[228] Baldwin R. Globalisation: The Great Unbundling (s) [J]. Economic Council of Finland, 2006 (20): 5 – 47.

[229] Bhagwati J, Krishna P, Panagariya A. Trading Blocs: Alternative Approaches to Analyzing Preferential Trade Agreements [M]. Mass: MIT Press, 1999: 88 – 93.

[230] Bloom N, The Impact of Uncertainty Shocks [J]. Econometrica, 2009, 77 (3): 623 – 685.

[231] Bown C. Mega – Regional Trade Agreements and the Future of the WTO [J]. Global Policy, 2017, 8 (1): 107 – 112.

［232］ Canh N, et al. Determinants of Foreign Direct Investment In-flows: The Role of Economic Policy Uncertainty ［J］. International Econom-ics, 2020 （161）: 159 – 172.

［233］ Chen H. Intellectual Property Rights and Skills Accumulation: A Product – Cycle Model of FDI and Outsourcing ［J］. Journal of Macroeco-nomics, 2015 （46）: 328 – 343.

［234］ Demir E, Ersan O. The Impact of Economic Policy Uncertainty on Stock Returns of Turkish Tourism Companies ［J］. Current Issues in Tourism, 2018, 21 （8）: 847 – 855.

［235］ Driffield N. The Multinational Enterprise as a Source of Inter-national Knowledge Flows: Direct Evidence from Italy ［J］. Journal of In-ternational Business Studies, 2010, 41 （2）: 350 – 359.

［236］ Duval R, et al. Value-added Trade and Business Cycle Syn-chronization ［J］. Journal of International Economics, 2016 （99）: 251 – 262.

［237］ Education Finance Watch 2022 ［R］. World Bank, UNESCO, 2022.

［238］ Eliasso G. Advanced Public Procurement as Industrial Policy ［M］. New York: Springer, 2010: 23 – 28.

［239］ Emerson P. An Economic Integration Agreement on Services: A Possible Solution to the Doha Development Round Impasse ［J］. Trade, Law and Development, 2010, 2 （2）: 252 – 291.

［240］ FACT SHEET: Indo – Pacific Strategy of the United States ［EB/OL］. （2022 – 02 – 11）. https://www. whitehouse. gov/briefing – room/speeches – remarks/2022/02/11/fact – sheet – indo – pacific – strategy – of – the – united – states/.

［241］ Fernández V, et al. Fiscal Volatility Shocks and Economic Activity ［J］. American Economic Review, 2015, 105（11）: 3352 – 3384.

［242］ Fukunari K, et al. Pandemic（COVID – 19）Policy, Regional Cooperation and the Emerging Global Production Network ［J］. Asian Economic Journal, 2020, 34（1）: 3 – 27.

［243］ Global Value Chain Development Report 2019: Technological Innovation, Supply Chain Trade and Workers in a Global-ized World ［R］. WTO, 2019.

［244］ Gulen J, Ion M. Policy Uncertainty and Corporate Investment ［J］. The Review of Financial Studies, 2016, 29（3）: 523 – 564.

［245］ Handley K, Limo N. Policy Uncertainty, Trade, and Welfare: Theory and Evidence for China and the United States ［J］. American Economic Review, 2017, 107（9）: 2731 – 2783.

［246］ Hanfner – Burton E. Trading Human Rights: How Preferential Trade Agreements Influence Government Repression ［J］. International Organization, 2005, 59（3）: 593 – 629.

［247］ Hiley M. The Dynamics of Changing Comparative Advantage in the Asia – Pacific Region ［J］. Journal of the Asia Pacific Economy, 1999, 4（3）: 446 – 467.

［248］ Hummels D, et al. The Nature and Growth of Vertical Specialization in World Trade ［J］. Journal of International Economics, 2001, 54（1）: 75 – 96.

［249］ Jobs Lost, Jobs Gains: Workforce Transformation in a Time of

Automation [R]. Mckinsey Global Institute, 2017.

[250] Joscha B, Robert C. Exchange Rate Expectations and Economic Policy Uncertainty [J]. European Journal of Political Economy, 2017 (47): 148 – 162.

[251] Julio B, Yook Y. Political Uncertainty and Corporate Investment Cycles [J]. Journal of Finance, 2012, 67 (1): 45 – 83.

[252] Kaname Akamatsu. A Historical Pattern of Economic Growth in Developing Countries [J]. The developing economies, 2007: 3 – 25.

[253] Kellard N, et al. Risk, Financial Stability and FDI [J]. Journal of International Money and Finance, 2020, 102232.

[254] Kosova R. Do Foreign Firms Crowd out Domestic Firms? Evidence From the Czech Republic [J]. The Review of Economics and Statistics, 2010, 92 (4): 861 – 881.

[255] Krugman P. Increasing Returns, Monopolistic Competition, and International Trade [J]. Journal of International Economics, 1979, 9 (4): 469 – 479.

[256] Levy P. A Political-economic Analysis of Free-trade Agreements [J]. The American Economic Review, 1997 (87): 518 – 537.

[257] Little J. Location Decisions of Foreign Direct Investors in The United States [J]. New England Economic Review, 1978, 6 (3): 43 – 63.

[258] Lu H, Kandilov I. The Moderating Role of Internet Use in the Relationship between China's Internal Migration and Generalized Trust [J]. Information, Communication and Society, 2022, 25 (9): 1229 – 1246.

[259] Magud E. On Asymmetric Business Cycles and the Effectiveness of Counter-cyclical Fiscal Policies [J]. Journal of Macroeconomics,

2008, 30 (3): 885 – 905.

[260] Mavroidis P, Always Look at the Bright Side of Non-delivery: WTO and Preferential Trade Agreements, Yesterday and Today [J]. World Trade Review, 2011, 10 (3): 375 – 387.

[261] Mckinsey Global Institute. Globalization in Transition: The Future of Trade and Value Chains [R]. 2019.

[262] Mitton T. Economic Significance in Corporate Finance [J]. Review of Corporate Finance Studies, 2022, 13 (1): 38 – 79.

[263] Nadvi K, Raj – Reichert G. Governing Health and Safety at Lower Tiers of the Computer Industry Global Value Chain [J]. Regulation and Governance, 2015, 9 (3): 243 – 258.

[264] Narula R. Does FDI Cause Development? The Ambiguity of the Evidence and Why it Matters [J]. European Journal of Development Research, 2012, 24 (1): 1 – 7.

[265] Pisch F. Managing Global Production: Theory and Evidence from Just-in-time Supply Chains [Z]. SEPS Discussion Papers, 2020.

[266] Regional Trade Agreement Database [DB]. WTO, 2023.

[267] Report of the Study Group of the International Law Commission. Fragmentation of International Law: Difficulties Arising from the Diversification and Expansion of International Law [R]. International Law Commission 58th Session, A/CN. 4/L. 682, 2006.

[268] Robert C. Offshoring in the Global Economy: Microeconomic Structure and Macroeconomic Implications [M]. Mass.: MIT Press, 2009: 90 – 99.

[269] Rüttimann B, et al. Lean and Industry 4.0—Twins, Part-

ners, or Contenders? A Due Clarification Regarding the Supposed Clash of Two Production Systems [J]. Journal of Service Science and Management, 2016, 9 (6): 485 - 500.

[270] Sirkin H, et al. Made in America, Again: Why Manufacturing Will Return to the US [R]. Boston Consulting Group, 2011.

[271] Sirkin H, Zinser M, Hohner D. Made in America, Again: Why Manufacturing Will Return to the US [R]. Boston Consulting Group, 2011.

[272] Stock, et al. Has the Business Cycle Changed [C]//Federal Reserve Bank of Kansas City. Monetary Policy and Uncertainty: Adapting to a Changing Economy. Hawaii: University Press of the Pacific, 2003.

[273] Stoke D. Trump, American Hegemony and the Future of the Liberal International Order [J]. International Affairs, 2018, 94 (1): 133 - 150.

[274] Toshihiro Okubo, Eiichi Tomiura. Industrial relocation policy, productivity and heterogeneous plants: Evidence from Japan [J]. Regional Science and Urban Economics, 2012: 230 - 239.

[275] Vernon R. International Investment and International Trade in the Product Cycle [J]. The Quarterly Journal of Economics, 1966, 80 (2): 190 - 207.

[276] Wang Z, et al. Characterizing Global Value Chains: Production Length and Upstreamness [R]. National Bureau of Economic Research, Working Paper 23261, 2017.

[277] Wang Z, et al. Measures of Participation in Global Value Chains and Global Business Cycles [R]. National Bureau of Economic Re-

search, Working Paper 23222, 2017.

[278] World Employment and Social Outlook: Trends 2023 [R]. ILO, 2023.

[279] World Investment Report 2020: International Production Beyond the Pandemic [R]. UNCTAD, 2020.

[280] World Trade Report 2021: Economic Resilience and Trade [R]. WTO, 2021.

[281] Young – Han Kim. Impacts of regional economic integration on industrial relocation through FDI in East Asia [J]. Journal of Policy Modeling, 2006: 165 – 180.

[282] Yun H, Paul L. Measuring Economic Policy Uncertainty in China [J]. China Economic Review, 2020 (59): 101367.

[283] Zhou Xin. Indo – Pacific Economic Framework: How Far Can It Go? [EB/OL]. (2022 – 01 – 19). https: //www. globaltimes. cn/page/202201/1246346. shtml.